KB219511

부르신 곳에서

복음의 바통을 이어받을
다음 세대에게 전하고픈 이야기

부르신 곳에서

정연철 지음

교회성장연구소

부르신 곳에서 목차

추천사 06

1부 나는 삼양교회 목사입니다

1장 생면부지의 양산에서 13

2장 지역과 함께 성장하는 교회 19

3장 복음의 불모지를 물 댄 동산같이 23

4장 부르신 곳에서 29

2부 엎드림

5장 주의 은혜로 37

6장 인생의 막다른 길에서 45

7장 꿈과 기도의 비밀 53

8장 손 씨 문중 이야기 59

9장 무언가 빠진 것 67

10장 기도하는 교회 77

3부 제자훈련에 기도가 더해질 때

11장 주님께 칭찬받는 사역 83

12장 매너리즘에 빠진 교회 89

13장 제자훈련은 만병통치약이 아니다! 95

14장 성령운동? 운동이 아니라 기본기 101

4부 복음의 바통을 넘기며

15장 사랑하는 개척교회 목사들에게 111

16장 부흥의 양대 물줄기 117

17장 심방하는 목자 121

18장 내가 꿈꾸는 교회 129

19장 복음의 바통을 넘기며 137

추천사

남서울은혜교회 | 원로목사 **홍정길**

정연철 목사님을 생각하면 마음 한구석이 든든해집니다. 우리나라에 이렇게 귀한 목회자가 있다는 것이 하나님께 얼마나 감사한지 모르겠습니다.

하나님께서는 역사를 심판하실 때 악인을 보지 않으시고 의인을 보십니다. 심판하실 땅 가운데서 의인의 모습을 살펴보시고, 그 땅을 인도하거나 버리십니다. 그렇기에 소돔과 고모라가 멸망당한 것은 하나님께서 찾으시는 의인 10명이 없어서이지 그 땅에 죄가 관영해서가 아닙니다. 이것은 하나님께서 역사와 민족을 어떻게 다루시는가를 보여 주는 중요한 단서입니다. 이런 성경적 관점에서 볼 때 정연철 목사님은 이 시대, 이 땅의 많은 목사에게 사표가 되는 분이라고 생각합니다. 그러기에 이토록 귀한 정 목사님의 생애가 아름다운 글로 정리되어 출간하게 된 것이 참으로 감격스럽고 뿌듯합니다.

아름다운 하나님의 사람에 대한 기록이 때로는 한 사람의 생애에 큰 영향을 미치기도 합니다. 제가 목회를 시작할 때 읽었던 두 권의 책이 평생의 목회생활에서 귀한 길잡이가 되어 주었습니다. 백스터(Richard Baxter)의 『참 목자상』(The Reformed Pastor)과 설교에 있어서 기독교 역사상 가장 큰 감동을 준 스펄전(C.H.Spurgeon)의 『목회자 후보생들에게』(Lecture to my students), 이 두 권의 책을 통해 저는 목회자의 사명인 '목회자가 하나님 앞에서 어떻게 성도를 섬겨야 하는가'를 알게 되었습니다. 이 두 권의 책이 저에게 길잡이가 되어 준 것처럼 『부르신 곳에서』 또한 많은 목회자에게 귀한 길잡이가 되어 줄 것입니다.

이 책은 하나님의 부르심을 받고 양산 삼양교회를 개척한 정 목사님이 지금까지 살아온 생애를 담담히 기록한 글로서 목사님의 진솔한 고백이 담겨있어 깊은 감동이 있습니다. '목회가 무엇인가?', '목회자가 가져야 할 마음가짐과 성도를 사랑하는 마음은 무엇인가?', '목회를 위해 얼마나 열심히 노력하고 애를 써야 하는가?' 그리고 '새로운 목회 환경에서 어떻게 최선의 목회를 이끌어가야 하는가?' 등 실제적인 목회 현장에서 생기는 의문점에 대한 해답을 이 책에서 찾을 수 있을 것입니다.

처음에는 주님의 말씀을 크게 듣지만 눈앞의 성과에 취해 과거에 머무르며 주인 되신 그분을 잃어버리는 목회자의 모습이 이 땅의 교회를 어지럽힐 때도 정 목사님은 주님의 부르심에 순종하며 초심을 잃지 않고, 참 한결같은 걸음으로 여기까지 오셨습니다. 그런 면에서 저는 목회의 길을 걷는 분들에게 이 책을 권하고 싶습니다. 또한 앞으로 목회의 길을 가게 될 신학생들에게도 이 책을 권합니다.

정 목사님의 귀한 삶과 글, 너무나도 감사합니다. 글을 읽으시는 동안 정 목사님이 누리셨던 하나님과의 동행의 기쁨을 함께 누리시기를 소원해 봅니다.

추천사

국제목양사역원장 | **최홍준** 목사

이 책은 목회자라면 누구나 읽어야 할 귀한 책이라고 생각합니다. 양산 삼양교회는 제자훈련, 기도, 성령의 사역이 잘 어우러진 교회입니다. 이런 면에서 우리는 이 교회를 한 번쯤 들여다 볼 필요가 있습니다. 특히 개척을 꿈꾸는 목회자에게는 이 책이 필독서가 되어야 한다고 생각합니다. 더불어 『부르신 곳에서』는 첫 페이지를 넘기면서부터 마지막 페이지까지를 단숨에 읽어 내려갈 정도로 흥미와 은혜가 더한 책입니다.

청년의 때에 예수님을 믿게 되어 절체절명의 순간마다 주님의 인도함을 받아 움직였던 저자의 발자취가 담겨 있으며, 복음의 불모지이자 불교의 중심도시인 양산에서 개척사역을 시작해서 이제는 양산의 중심교회로 성장한 삼양교회를 단숨에 조명할 수 있는 이 귀한 책을 추천합니다.

한목협대표회장 | **김경원** 목사

이런 생각을 해봅니다. '지금 이 땅의 교회 가운데 하나님의 마음에 드는 교회가 얼마나 될까?' 아니 '하나님의 마음에 드는 목회자는 얼마나 될까?' 목회자로서 이런 질문을 스스로에게 던질 때마다 두려운 마음이 들기도 합니다.

정연철 목사님과 삼양교회는 이 시대에 하나님의 마음에 합한 목회자와 교회가 어떤 모습인지를 잘 보여 줍니다. 이런 점에서 정연철 목사님은 제가 가장 존경하는 목회자 중 한분 이십니다. 이 책은 정연철 목사님이 하나님과 함께한 목회의 여정을 보여 줌으로써 다음 세대의 목회자가 추구해야 할 교회의 모습을 보여 줄 것입니다. 그러기에 저는 이 책을 모든 후배 목회자에게 기쁜 마음으로 추천합니다.

부르신
곳에서

1부

나는 삼양교회 목사입니다

1장
생면부지의 양산에서

지금으로부터 30여 년 전, 경남 양산에는 제가 소속된 대한예수교장로회 합동 교단의 교회가 하나도 없었습니다. 당시만 해도 목회자를 위한 세미나와 각종 프로그램이 서울에 집중되어 있어 목회자들은 웬만하면 수도권에서 사역을 하려고 했습니다. 한창 열정이 충만한 신학대학교 졸업생들도 사정은 마찬가지였습니다.

"전도사님, 경상도 사투리를 통 못 알아듣겠어요. 이곳은 환경이 너무 열악하고 각박하네요. 전도사님 같은 분이 내려와 주시면 좋겠습니다."

제가 신학교를 막 졸업하고 청운의 꿈에 부풀어 있을 때, 서울에서 양산으로 내려간 성도 한 분이 제게 이런 편지를 보내왔습니다. 그 속에는 경상도의 열악한 실정이 세세히 담겨 있었습니다.

그날부터 저는 골방에 들어가 기도를 시작했습니다. 대부분의 신학교 졸업생은 저마다 수도권에서 사역을 시작할 꿈에 부풀어 있었습니다. 안정적인 환경에서 큰 교회를 개척하여 많은 성도를 목양할 것을 소망하였던 것입니다. 하지만 하나님께서 저에게만은 좁은 길을 원하셨던 것 같습니다. 몇날 며칠을 기도하는데 신기하게도 경남 양산 땅에 대한 기대와 소망이 커져 갔습니다.

"예수님은 진정한 목자라면 잃어버린 한 마리 양을 찾기 위해 온 힘을 기울인다고 말씀하셨습니다. 단 한분의 성도라도 제 설교를 듣고 싶은 분이 있다면 그곳이 어디든 달려가겠습니다."

만류하는 분들을 안심시키며 저는 짐을 싸서 생면부지의 양산으로 내려왔습니다. 삼양교회에서의 첫 예배는 그렇게 좁은 전셋집 안방에서 시작되었습니다. 그러나 첫날부터 저는 하나님께서 이 지역을 향해 가지고 계신 사랑과 계획을 깊이 체감할 수 있었습니다.

그렇게 한 해가 지났을 때였습니다. 개척교회가 모두 그렇듯 삼양교회 또한 매월 서울과 부산 등지의 큰 교회에서 지원을 받아 살림을 꾸려갔는데, 부산의 한 교회 여전도회에서 지원금을 보내지 않은 것이었습니다. 열악한 개척교회의 사정상 저는 지원금을 받기 위해 부산의 그 교회를 찾아갔습니다. 여전도회 집사님을 만나기 위해 장장 6시간이나 기다려야 했는데, 정작 받아든 돈은 3만 5천원에 불과했습니다. 그 돈을 받아든 순간 무언가 가슴속에서 울컥 솟구쳐 오르는 게 있었습니다.

'이 시간동안 내가 온전히 기도를 했다면 하나님께서 훨씬 좋은 것을 우리교회에 주셨을 텐데 내가 믿음이 없어서 이렇게 사람에게 매달리고 있었구나.'

저는 그 교회 마당에서 누가 보든지 아랑곳하지 않고 무릎을 꿇었습니다. 이제껏 하나님이 아닌 사람의 시선을 의식했던 것을 철저히 회개하면서 눈물의 기도를 올려 드렸습니다. '앞으로는 전적으로 하나님이 원하시는 목회, 하나님이 흠향하시는 예배를 드려야겠다. 그래서 이제는 후원을 받는 교회가 아닌 후원을 하는 교회가 되어야겠다.'고 다짐하며 밤늦게 그 교회를 떠났습니다.

그날부터 저는 그 다짐을 실행에 옮겼습니다. 목회자로서 저의 삶과 시간 전부를 철저히 하나님께 드리고, 무엇이든지 하나님의 관점에서 생각하며 모든 일에 겸손히 인도하심을 기다렸습니다. 많은 분들이 상경을 재촉하고, 대구의 큰 교회에서 담임목사직을 제안하기도 했지만 그럴 때마다 저는 고개를 저으며 이렇게 대답했습니다.

"서울과 대구는 제가 아니라도 목회할 사람이 많지만, 이 지역은 제가 떠나면 어둠의 권세가 기뻐할 정도로 취약합니다. 이런 상황에서 어떻게 이 곳을 떠날 수 있겠습니까?"

그렇게 수십 년간 온전히 하나님의 뜻을 구하며 사역에 매진하다보니 어느새 삼양교회는 양산에서 제일 큰 교회로 성장하였으며, 지역사회 및 지역교회와 그 열매를 더불어 나누는 '섬김의 교회'로 알려지게 되었습니다. 그리하여 제가 경상도에 와 주기를 바랐던 단 한 분의 성도와 전셋집에서 시작했던 목회가 이제는 수천 명이 되는 교회로 성장했습니다.

"삼양교회로 가 주세요."

이제 경남 양산에서 우리교회에 오기 위해 택시를 타면 이 말 한 마디면 충분하게 되었습니다. 양산의 택시기사라면 삼양교회를 모르는 사람이 없을 정도이니 하나님께서 부어주신 부흥의 은혜에 감사할 따름입니다.

교회 외부에서도 점점 삼양교회를 주목하기 시작했습니다. 2007년 뉴욕교협과 뉴욕 목사회가 주관한 성령강림 백주년 집회에서, 뉴욕 목사회 부회장이신 정순원목사님은 삼양교회를 '한국의 성장하는 10대 교회'로 꼽아주셨습니다. 또한 '2012 올해의 종교인 그랑프리'에서 목회자 부문에 선정되었을 때 한국일보는 이렇게 평했습니다.

"전국적으로 유명한 통도사와 내원사를 끼고 있어 불교와 유교의 색채가 짙은 기독교의 불모지인 양산에서… 부흥의 기적을 이뤄낸… 삼양교회는 특별히 기도를 많이 하는 교회로서 일천번제기도회, 월삭기도회, 금요철야기도회, 특별새벽기도회, 금식기도회 등을 올리면서 성도 개개인의 영적인 각성과 국가와 민족을 위해 회개하며 긍휼을 구하고 있다."

물론 저는 이러한 평가에 감사하지만 하나님의 뜻을 구하고, 기도와 말씀 가운데 제자리를 지키며 조용히 목회자의 길을 가고 싶은 마음에는 변함이 없습니다. 다만 산중 교회였던 삼양교회가 교계의 중심교회로 성장하기까지 하나님께서 부어 주신 은혜를 기억하고 곱씹으면서 하나님께서 제게 주신 가르침을 후배 목사님들과 성도들에게 전하고 싶습니다.

저는 지금까지의 사역을 뒤돌아보며 이제 목회에 첫발을 내딛는 후배 목사님들을 위한 조언과 격려, 삼양교회의 성장기를 바탕으로 한 제자훈련의 모델, 그리고 고난과 역경 속에서도 놓지 말아야 할 실천적 지침들을 이 책에 담았습니다. 부디 더 많은 목회자가 하나님이 주신 꿈을 가지고 땅끝까지 복음을 전할 수 있기를 소망하고 기도합니다.

2장

지역과 함께 성장하는 교회

1982년 2월 총신대 신학대학원을 졸업하고 양산으로 내려온 지 1년 만에 성도가 100여 명이 넘을 정도로 개척교회는 빠른 성장세를 보였습니다. 그 결과 현재 삼양교회는 양산시에서 가장 큰 교세를 가지고 있습니다. 하지만 예나 지금이나 달라지지 않은 것이 하나 있다면 그것은 바로 영혼을 사랑하는 마음입니다. 주님을 사랑하는 마음으로 성도 한 사람, 한 사람을 놓고 중보기도 하다보면 열정이 점점 커지기 마련입니다.

저는 목회에서 무엇보다 '사람 키우기'에 중점을 두고 있는데, 이를 위해서 '제자훈련'을 가장 우선순위로 삼고 있습니다. 성도가 하나님 안에서 변화되려면 먼저 목회자 자신이 제자의 본을 보여야 하며, 그럴 때 성도가 본을 받아 제대로 된 제자로 거듭날 수 있습니다. 이를 위해서는 체계적인 교육과 훈련 프로그램이 갖춰져 있어야 하는데 삼양교회는 훈련에 모든 교역자가 혼신을 기울이고 있습니다.

지방에서 목회를 하다보면 여러 가지 어려운 상황에 봉착하는 경우가 있습니다. 그래서 목회자 역시 교육과 세미나가 지속적으로 필요한데, 지방에서는 주로 서울에서 열리는 목회 세미나에 참석하기가 어렵습니다. 말씀을 연구하고 성도들을 심방할 시간도 부족한데 목회자를 위한 세미나를 위해 먼 길을 오가는데 시간을 쓰는 것이 아까울 뿐더러 교통비와 숙박비 또한 간과할 수 없기 때문입니다. 그럼에도 저는 꼬박꼬박 서울에서 열리는 목회 세미나에 참석했는데, 무엇보다 사랑의 교회(당시 옥한흠 목사 담임)에서 실시한 제자훈련 세미나에 참석했던 것이 기억에 남습니다. 그 세미나를 통해 평신도를 예수님의 제자로 성장시키기 위한 제자훈련의 필요성과 가능성을 알게 되었습니다. 저는 이를 삼양교회의 목회에 적용할 뿐만 아니라 부산·경남 지역 목회자들과 공유하기로 마음먹었습니다. 지역 목회자들이 서울까지 갈 것 없이 삼양교회에서 이 세미나를 들을 수 있다면 시간과 비용을 아낄 수 있기 때문이었습니다.

이뿐 아니라 삼양교회는 지역교회와 함께 하는 행사를 자주 열고 있습니다.

"우리교회만 성장할 것이 아니라 지역교회와 함께 성장해야지요."

제자훈련을 받은 삼양교회 성도들이 공통적으로 하는 말입니다. 양산 시민에게 삼양교회가 필요하다는 생각을 심어주는 것도 중요하지만, 더 중요한 것은 지역교회가 힘을 합쳐 지역 주민들에게 예수 그리스도의 복음을 전하는 것이라고 생각합니다. 저는 적어도 양산 지역에서는 우리교회가 그런 역할을 감당해야겠다고 다짐했습니다.

현재 삼양교회에서는 지역교회와 함께 하는 행사뿐 아니라 지역 목회자들을 위한 세미나도 열고, 수시로 미자립교회의 청소년들을 초청해 연합수련회를 개최하고 있습니다.

우리교회만 성장해야겠다는 이기심을 버리고 연합하여 지역에 복음을 전해야겠다는 마음을 품는다면 지역교회와 나누지 못할 것이 없을 것입니다. 또한 이러한 마음이 목회자가 마땅히 품어야 할 마음이 아니겠습니까?

3장
복음의 불모지를 물 댄 동산같이

양산 지역은 통도사와 내원사라는 전국적인 사찰이 있어 기독교의 힘이 약한 지역입니다. 따라서 평생 이 지역에서 살아온 어르신이 자발적으로 교회에 찾아오는 것은 기적적인 일입니다. 그러나 삼양교회는 '장수대학'이라는 프로그램을 통해 이런 어르신들의 마음 문을 열고 있습니다. 물론 하나님의 이끄심이 없다면 불가능한 일이지만 말입니다.

장수대학은 아주 특별한 계기로 시작되었습니다. 저는 청년 시절부터 부모님을 떠나 타지에서 생활하면서 교회를 개척한 이후까지도 부모님을 잘 섬기지 못했습니다. 그래서 어르신들을 보면 부모님 생각이 나서 잘 섬겨 드리고 싶은 소원이 늘 있었습니다. 이런 이유로 저는 양산 지역에 어르신들을 섬기는 기관이나 사회단체가 전무하던 시절에 장수대학을 열어 어르신들을 섬겼습니다. 장수대학은 평생 불교에 인박혀 있던 어르신들에게도 교회에 대한 좋은 인상을 심어주는 효과가 있었습니다. 심지어 어떤 분은 아직 신앙이 없으면서도 라디오 생방송에 전화를 걸어 장수대학을 소개하면서 삼양교회가 좋은 교회라고 홍보할 정도로 호응이 좋았습니다. 단지 양산 지역의 어르신들을 섬기고 싶은 마음으로 시작한 장수대학은 이렇게 전도의 문을 여는 귀한 열매를 안겨 주었습니다.

2012년 겨울 어느 날이었습니다. 우리교회를 다니는 세 명의 학생이 교회로 찾아왔습니다. 그들의 부모님은 이혼한 상태로 아이들은 아버지와 함께 생활하고 있었습니다. 그런데 안타깝게도 아버지가 신천지에 빠져 아이들에게 교회에 다니고 싶으면 집에서 나가라고 했다는 것입니다. 그리하여 갈 곳이 없는 아이들이 무턱대고 교회로 찾아온 것입니다.

논의 끝에 교회에서 세 아이가 머물며 생활할 곳을 마련해 주고, 정부의 도움을 받아 자립할 수 있도록 방법을 강구하면서 교회의 장학금으로 중학교와 대학교를 다닐 수 있도록 도와주었습니다. 아이들은 현재 감사하게도 잘 정착하여 아름답게 신앙생활을 하고 있습니다. 이처럼 우리교회의 실질적인 도움이 필요한 한 사람을 외면하지 않는 것이 지역선교의 첫걸음이라고 생각합니다.

이런 취지에서 삼양교회는 주사랑 며느리회와 주사랑 어머니회가 지역에 주님의 사랑을 실천하고 있습니다. 주사랑 어머니회는 지역의 어머니로서 소년소녀 가장과 한부모 가정의 아이들을 돌보고 있습니다. 매주 반찬을 만들어 가져다 주고 청소나 이불 빨래로 어머니의 온기를 느끼게 해 주며 특히 명절이나 크리스마스, 새 학기 등 아이들에게 어머니의 손길과 빈자리가 더 크게 느껴지는 시기에는 용돈도 챙겨 주고, 속옷과 교복, 학용품 등을 세밀하게 챙겨 주며 주님의 사랑을 느끼게 해 주기 위해 애쓰고 있습니다. 또한 주사랑 며느리회는 지역의 며느리처럼 독거노인가정이나 장애인가정 등을 돕고 있는데, 이들 가정이 변변한 반찬 하나 없이 식사를 하는 것이 안타까워 매주 따뜻한 국과 반찬 세가지씩을 준비해서 나누고 있습니다. 특히 독거노인이나 장애인가정같이 병원에 다니는 것조차 여의치 않은 분들은 병원에 모셔다 드리거나 말벗이 되어 드림으로써 좋은 이웃이자 친구가 되어 드리려고 노력하고 있습니다. 뿐만 아니라 호스피스 교육을 통해 임종 직전의 노인들이 예수 그리스도를 영접하도록 도움을 드리고 있습니다.

한편 양산에서는 해마다 10월 초에 양산 삽량문화제가 열립니다. 이 행사는 양산 시민 25만이 다녀갈 정도로 큰 축제입니다. 축제는 3일간 진행되는데 우리 교회가 양산시 초청으로 참여하는 분들에게 식사를 대접했던 일이 기억에 남습니다. 행사가 끝날 때까지 3일 동안 매일 아침 9시부터 국수를 대접하여 7500그릇의 국수를 양산 시민들에게 대접한 일은 양산 시민뿐 아니라 우리 교회 성도들에게도 잊을 수 없는 봉사였습니다. 교회가 하는 일에 시민들이 기뻐하면서 칭찬과 격려를 아끼지 않고, 삼양교회의 국수를 먹기 위해 몇 백 명이 긴 줄을 서는 진풍경은 모든 성도를 흐뭇하게 했습니다.

교회가 터를 잡고 있는 지역을 사랑하고 섬기는 일은 지역교회의 특권이자 사명입니다. 비록 작은 수고와 섬김일지라도 지역을 사랑하고 섬기고자 하는 마음이 지역 주민에게 제대로 전달된다면 복음의 불모지를 물 댄 동산으로 가꾸는 일도 불가능한 일은 아닐 것입니다. 아무리 강팍하고 얼어 있는 땅이라 할지라도 말입니다.

4장
부르신 곳에서

당신에게 한 영혼은 어떤 의미입니까?

신학교를 다니면서 전도사로 사역하던 시절 저는 후암제일교회에서 파송을 받아 광주의 작은 시골교회로 부임하게 되었습니다. 부임하여 교회에 가서 첫 예배를 드릴 때 성도가 한 명 앉아 있었습니다. 그 교회에서 사당동에 있는 총신대까지는 1시간 이상을 걷고 버스를 5번 이상 갈아타야 하는 거리였습니다. 그러나 저는 한 영혼을 위해 학교와 교회를 통학하면서 5년 동안 매일 같이 그 교회에서 새벽기도를 인도했습니다. 한 영혼이 천하보다 귀하며 그 영혼은 주님이 제게 맡겨 주신 영혼이고, 예수님의 목숨 값으로 산 영혼이기 때문입니다.

지금 돌이켜 보니 하나님께서 제게 맡겨 주신 한 영혼을 사랑하는 마음으로 지금까지 양산에서 사역할 수 있었던 것 같습니다. 오히려 아무것도 기대할 수 없는 시골이었던 양산 지역에서 지금까지 사명을 감당하게 해 주신 하나님께 감사할 뿐입니다.

한 영혼이 정말 귀합니까? 정말 그 한 영혼을 위해 예수님께서 십자가에서 살을 찢고 피를 쏟으며 죽으신 것을 믿고 계십니까? 그렇다면 어떤 지역이라도, 구원 받아야 될 한 영혼이라도 있다면 그 곳으로 가야 합니다. 목사가 지방이나 시골 목회라 해서 피하고, 쉽게 자리를 뜬다면 그것은 자신의 의무를 다하지 않는 것입니다. 한 영혼이 그 곳에 있다면 그것은 사역할 수밖에 없는 필요 충분한 이유이자 사명인 것입니다. 그 곳으로 가십시오. 그 곳에 비록 수많은 영혼이 아니라 '한 영혼'이 당신을 기다리고 있다 하더라도 말입니다.

당신에게 살아계신 하나님은 어떤 의미입니까?

지방에서 목회를 하면 경제적으로 힘든 시간을 보낼 수밖에 없습니다. 어쩌면 죽을 때까지 풍족한 생활은 마음에서 접어야 하고, 때로는 쌀이 없어 가족을 부양하지 못하는 상황이 생길 수도 있습니다. 그러나 하나님을 살아계신 하나님으로 인정한다면 두려워하지 마십시오. 하나님께서 아골골짝 빈들이라도 복음 들고 가는 목회자를 절대 굶기지 않으실 것입니다. 그리고 하나님이 살아계시다는 것을 '특별한 공급'을 통하여 친히 보여 주실 것입니다.

하나님께서 정말 살아계시다는 것을 체험하고 싶습니까? 그렇다면 하나님께서 당신을 어느 지역으로 부르시더라도 주저하지 마십시오. 그 곳에서 당신은 살아계신 하나님을 경험할 수 있을 것입니다. 부르시는 바로 그 곳에서 당신은 살아있는 목회를 할 수 있을 것입니다.

당신에게 사역의 명예는 어떤 의미입니까?

신학교시절 우리는 많은 비전을 갖습니다. 그리고 많은 준비를 합니다. 그러나 비전이라는 명목 하에 자신도 모르게 큰 목회만이 하나님께서 영광 받으시는 목회라는 생각에 현혹되기 쉽습니다. 물론 큰 목회도 하나님께서 영광 받으십니다. 그러나 동시에 작은 목회도 하나님께서 영광 받으신다는 사실을 기억해야 합니다. 중요한 것은 목회의 환경이 아니라 목회의 자세입니다. 사역을 통해서 내 이름이 높아지고 내 자존심이 세워지기를 원한다면, 하나님께서 당신을 지방교회나 시골 어느 지역으로 부르신다 하더라도 그 부르심을 들을 수조차 없을 정도로 영혼의 귀가 닫혀 버릴 수 있습니다. 그러나 사역을 통해서 자신이 아니라 하나님께서 영광 받으시기를 원하면서 자신의 이름이나 명예를 모두 십자가에 못 박은 목회자라면 하나님의 부르심을 또렷하게 들을 수 있을 것입니다. 이렇게 자신의 영광이나 유익을 구하지 않는 목회자는 하나님께서 어느 곳으로 부르시든지 비겁하게 도망치지 않고 전적으로 순종할 것입니다. 저는 목회를 하면서 스스로 높아지려는 마음을 가장 경계합니다. 한번은 이런 일도 있었습니다.

어느 날 한 집사님이 제 설교에 시험이 들었습니다. 저는 그 집사님을 찾아가서 목회자로서 정죄하지 않았습니다. 오히려 그 집사님 앞에서 무릎을 꿇고 설교 못하는 목회자 아래서 목양받게 해서 미안하다고 사과했습니다. 그렇게 저의 명예보다 한 영혼이 살아나는 것에 집중하니 그 집사님도 펑펑 울면서 제게 사과를 했습니다.

목회자는 자신의 이름을 드러내고자 하는 욕심을 버려야 합니다. 그렇지 않다면 누가 시골에 와서 목회를 하겠습니까? 대도시 한복판에서 목회를 하든, 어느 시골의 구석진 곳에서 목회를 하든, 목회자로서의 마음과 정신만 살아 있다면 하나님께서 동일하게 영광 받으신다는 사실을 알아야 합니다.

부르신 곳에서

2부

엎드림

5장
주의 은혜로

저는 사람들을 만날 때 다른 이야기를 하기 전에 먼저 하나님의 은혜를 입었는지를 묻곤 합니다. 아무개가 얼마나 공부를 잘 하고 부모가 어떻게 교육을 시키느냐가 중요한 것이 아니라, 그가 누구더라도 하나님의 은혜를 받았는지가 궁금한 것입니다. 하나님이 주시는 은혜를 받으면 그리스도를 닮아가고, 그리스도의 향기가 가득한 사람이 됩니다. 목회자도 은혜를 받으면 맡은 양떼를 사랑하고, 성도를 끌어안는 목회자가 됩니다. 반면 은혜를 받지 못하면 아무것도 제 힘으로 감당할 수 없습니다. 하나님께서 은혜를 주셔야 믿음도 생기고 열심도 생기는 것입니다.

제가 지금의 자리에서 사역을 해나갈 수 있었던 것도, 모든 성도보다 열심을 낼 수 있었던 것도 다 제가 한 것이 아니라 오직 저와 함께하신 하나님의 은혜로 된 것입니다. 처음 하나님께서 제게 손을 내밀어 주신 것부터가 큰 은혜였습니다.

저는 군대에서 뒤늦게 예수님을 영접했습니다. 주님을 모르던 학창시절에는 막연히 불교에 관심을 갖던 저였기에, 제가 교회에 가리라고는 상상도 못했습니다. 그런 저를 오직 은혜로 하나님께서 불러주신 것입니다.

육군 군단 사령부에 근무하던 시절, 한번은 파견을 나간 적이 있었습니다. 사령부에 있을 때는 외부인을 만날 일이 없었는데, 파견지에 있으니 근방의 마을 사람들을 만날 일이 잦았습니다. 그런데 근처 교회의 한 권사님이 저를 계속 심방하셨습니다.

"저희 교회에 꼭 한 번 오세요."

저는 으레 하는 인사려니 생각하며 목례만 하고 지나쳤습니다. 하지만 그 권사님은 멈추지 않고 교회 이야기를 꺼냈습니다. 바쁘다고 적당히 둘러대고 돌아서도 권사님은 가만히 웃으며 저를 찾으셨습니다. 몇 번 거절하면 기분이 상할 법도 한데 권사님의 얼굴은 한없이 해맑았습니다. 마치 제 속을 전부 들여다보는 것 같은 표정이랄까요. 저는 그런 분이 믿는 예수님이 몹시 궁금해졌습니다.

"하나님 만나 은혜 받고, 새 생명을 얻으세요."

'과연 은혜를 받는 것은 무엇이고, 거듭난다는 것은 무엇일까?' 속으로 수없이 자문하던 저는 마침내 어느 수요일 저녁에 그 교회를 찾아갔습니다. 스무 평 남짓한 교회는 무척 작고 허름했습니다. 전투화를 벗고 들어서자 마룻바닥이 삐걱거렸습니다. 그럼에도 전도사님은 열정적으로 말씀을 전하고, 온몸으로 찬양을 하셨습니다.

처음으로 간 교회였지만 시간 가는 줄 모르고 말씀에 빠져들었습니다. 아마 하나님께서 은혜가운데 제 마음을 붙들어 주신 것 같습니다. 저는 함께 손뼉을 치며 찬송을 불렀고, 설교가 끝난 뒤에도 교회를 떠나지 못했습니다.

"전도사님, 저도 예수님을 믿으면 그렇게 뜨겁게 살 수 있을까요?"

강단에서 내려온 전도사님은 그윽한 눈으로 저를 바라보셨습니다. 어떻게 사는 것이 좋은지도 모르고 무덤덤하게 살아온 세월이었습니다. 남들처럼 그저 떠밀리는 대로 살아온 저였습니다. 그렇게 메마른 제 삶에도 작은 빛줄기가 드리워진 것입니다. 제 마음은 가난하고 갈급해졌습니다. 그 전도사님처럼 하나님을 뜨겁게 만나고 싶었고, 빛으로 살고 싶어졌습니다.

전도사님이 고개를 끄덕이며 말씀하셨습니다.

"인천 마가의 다락방이란 곳에서 박장은 목사님이 지금 한창 집회를 열고 계십니다. 그곳에 가면 은혜를 받을 수 있을 거예요. 맨 앞자리에서 무릎을 꿇고 열심히 기도하세요. 온 마음을 다해 그분을 부르세요. 그러면 이미 그 마음을 아시는 하나님께서 은혜를 주실 거예요."

그 즉시 20일짜리 휴가를 내고 부흥회 현장으로 달려갔습니다. 아무 것도 묻지 않고 무릎을 꿇었습니다. 제가 아는 것과 배운 것을 전부 버리고, 그저 단순하게 하나님 앞에 엎드려 주님의 이름만 불렀습니다.

때는 1979년이었고, 그 집회에는 2,000여 명이나 되는 젊은이들이 모여 있었습니다. 혈기왕성한 사람들이 여기저기서 통성기도를 하니 현장이 떠나갈 듯 했습니다. 저는 전도사님이 시킨 대로 오직 주님의 이름을 부르짖으며 20일을 꼬박 기도했습니다.

처음엔 목만 쉬었을 뿐 아무런 감흥도 느껴지지 않았습니다. 제 안에 기쁨도 없었고, 은혜라는 게 도대체 무엇인지 알 수도 없었습니다. 어떤 이들은 성령충만을 받아 눈물을 흘리는데 저는 점점 가라앉는 기분이었습니다.

"하나님, 제 안에 무엇이 부족할까요? 부디 알게 하소서."

부대로 돌아오면서 저는 하나님께 반문하였습니다. 열심히 구하면 되는 줄 알았기에 아쉬운 마음이 들었습니다. 하지만 몇날 며칠을 기도해도 답을 찾을 수 없었습니다.

'그래, 아직 열심이 부족한 것이다. 하나님께서 내 열정을 알고자 하신다면 다시 한 번 온힘을 다해, 온몸으로 하나님

께 간구하자.'

저는 다시 휴가를 내서 그 집회를 찾아갔습니다. 부대에서는 저를 걱정하기 시작했습니다. 군부대에서는 하루, 이틀 휴가 내기도 어려운데 20일도 모자라 또 휴가를 내니 적잖이 신경을 쓰는 눈치였습니다. 하지만 저는 멈출 수가 없었습니다.

두 번째로 찾아간 집회에서는 더 열심히 기도했습니다. 무릎을 꿇은 채로 가슴을 부여잡고 애통하며 기도했습니다. 하지만 이번에도 저는 은혜를 받지 못했습니다. 부대에 복귀해서 파랗게 멍든 무릎을 어루만지고 있자니 제가 초라하게 느껴졌습니다. 그래서 급기야 저는 20일 작정 금식기도에 들어갔습니다. 더는 휴가를 쓸 수도 없어서 근무가 끝나면 새벽에 마을 교회를 찾아가 무릎을 꿇었습니다.

"하나님, 은혜를 내려 주소서. 저를 만나 주소서. 저를 보고 계시다면 은혜 가운데 제게 역사하소서. 제가 달려갈 길을 알려 주소서."

그렇게 몇날 며칠을 혼자 기도하던 어느 날, 갑자기 교회

안팎으로 거센 바람이 휘몰아치는 게 느껴졌습니다. 등줄기에서는 식은땀이 흘렀는데 벌벌 떨면서도 두 손을 모은 채 더 목소리를 높여 기도했습니다. 어느 날은 관사로 돌아와서 기도하다가 가위에 눌려 밤을 꼬박 지새운 적도 있었습니다. 그렇게 기도 가운데 영적 전쟁을 치르며 말씀을 붙들기를 보름째, 마침내 하나님께서 제게 은혜를 주셨습니다.

마가의 다락방에서 성령께서 제자들에게 역사하셨던 것처럼, 제게도 성령의 불길이 가득 임했습니다. 그 깊은 은혜와 감동에 저는 눈물을 흘릴 수밖에 없었습니다. 앞으로 제가 어떻게 살고, 무엇을 소망해야 할지를 분명히 알 수 있었습니다. 제자들이 예수 그리스도의 이름으로 세상으로 나아갔듯이, 저 역시 어떻게든 예수님을 전하면서 살아가리라고 다짐했습니다.

새벽 어스름 속에 길을 나서는데 세상이 이전과는 달라진 것을 느낄 수 있었습니다. 어딜 가든 하나님 품 안에 있는 것처럼 기쁨과 평안이 제 안에 가득했습니다. 그와 동시에 하나님의 은혜를 아직 모르는 사람들에 대한 연민이 한없이

밀려들었습니다. 감사한 마음만큼 애통한 마음도 커져만 갔습니다.

"하나님 감사합니다. 이 마음을 주시려고 저를 그토록 오래 기다리게 하셨군요. 제 열정과 노력으로 주어지는 것이 아니라 오직 당신의 뜻대로 은혜를 주신다는 것을 알게 하시려고, 그 한없는 은혜를 깊이 깨달아 더 많은 이들에게 전하게 하시려고 저를 더욱 기도하게 하셨군요."

6장

인생의 막다른 길에서

그 후로 저는 하나님의 은혜 안에서 날마다 기도와 찬양을 멈추지 않았습니다. 형언할 수 없는 기쁨과 평안이 가득하니 세상이 달리 보였고, 하나님이 지으신 모든 것이 아름답게만 보였습니다. 하지만 한편으로는 하나님의 은혜를 모르는 사람들이 더욱 안타깝게 여겨졌습니다. 이렇게 벅찬 감동을 모른 채 살아가다니. 누구보다도 부모님이 걱정되었습니다.

"하나님의 은혜는 모든 것을 새롭게 하고 거듭나게 합니다. 은혜를 받으면 사람이 달라집니다. 아버지, 어머니, 예수님을 꼭 만나셨으면 좋겠습니다."

하지만 부모님께서는 그런 제게 등을 돌리셨습니다. 그대로 집을 나와 목회를 하기로 결심했지만 곧 하나님의 뜻보다 제 의지가 앞섰다는 것을 깨달았습니다. 그래서 급한 대로 사업을 먼저 시작하기로 했습니다.

'그래, 좀 더 돈을 벌어서 그것을 하나님의 일에 쓰자. 나중에 목회에 헌신하기 위해서라도 돈은 좀 모아 두어야 할 것이다.'

그러나 하나님께서는 사업이 번창하는 것을 허락지 않으셨습니다. 하나님의 은혜를 입은 자로서 온전히 하나님을 섬기며 하나님을 위한 일을 하기보다 세상 일에 관심을 두었으니, 어찌보면 당연한 결과였을지도 모릅니다.

결국 사업은 부도가 났습니다. 좌절한 저는 머리를 짧게 깎고, 호주머니에 남은 돈으로 간신히 김천까지 가는 기차표를 끊었습니다. 서울에서 가능한 한 먼 곳으로 떠나고 싶었지만 그럴 만한 돈도 없었기 때문입니다. 기차가 한강다리를 지날 때 저는 끝내 참았던 눈물을 쏟았습니다. 그리고 눈물을 훔치면서 하늘을 올려다보았습니다.

그때였습니다. 햇살 가득한 하늘에서 잔잔히 울려 퍼지는 찬양소리가 들려왔습니다.

"주는 저산 밑에 백합 빛나는 새벽별, 이 땅 위에 비길 것이 없어라. 내 모든 쓰라림을 주 담당하시고, 시험 당할 때에 나의 친구라."

두 눈을 감고 가만히 그 찬양을 따라 불렀습니다. 마음속에 깊은 위로와 감동이 전해졌습니다. 그리고 세상 모두가 나에게 실망하여 비난하고 손가락질해도 주님께서는 나를 버리지 않는다는 사실을 깊이 깨달았습니다.

저는 김천역에 내려서도 한동안 멍하니 대합실에 앉아 있었습니다. 무작정 발길 닫는 대로 떠나왔기에 갈 곳이 없었습니다. 그런 제 모습을 물끄러미 지켜보던 신사 한 분이 제게 말을 걸어왔습니다.

"여보게 청년, 어디로 가는가? 목적지가 어디지?"

"갈 곳이 없습니다."

저는 가만히 두 눈을 감았습니다.

"저는 지금 길 잃은 어린 양이나 마찬가지입니다. 오직 하나님께 제 길을 맡겨 드릴 뿐입니다."

저는 그 어르신께 솔직하게 사연을 털어놓았습니다.

"수중의 돈을 모으니 겨우 김천까지 오는 기차표를 끊을 수 있었습니다. 정처 없이 발길 닿는 대로 가다보니 여기까지 왔습니다."

그분은 묵묵히 저를 바라보다가 다시 물으셨습니다.

"자네 교회는 다니는가?"

"다닙니다. 청년부 회장일도 맡아서 하고 있습니다."

"그렇다면 용문산에 한 번 가보게. 사사봉이라는 곳이 있는데, 거기에 오르면 굴이 하나 보일 거야. 그 곳에 들어가서 기도하면 하나님께서 길을 열어 주실 것이네."

"사사봉이라고요? 선생님은 누구십니까?"

그제야 저는 정신을 차리고 그분의 얼굴을 살폈습니다. 전체적인 인상은 신사답게 단정하고 부드러웠지만, 두 눈빛은 형형했고 굳게 다문 입술은 단단해 보였습니다.

"나는 서울 청운교회에서 목회를 하는 이준만 목사라고

하네."

"이준만 목사님, 헌데 사사봉이 어디지요?"

"바로 저 산으로 올라가면 되네."

이준만 목사님께서는 김천역 대합실에서 나와 멀찌감치 보이는 산 하나를 가리키며 그것이 바로 용문산이라고 했습니다. 저는 목사님께 깊이 고개를 숙였습니다.

그러나 막상 깊은 산골에서 혼자 지내야 한다고 생각하니 겁도 났습니다. 하지만 세상으로 돌아갈 것을 생각하니 더 숨이 막혔습니다.

'먼저 하나님께 나아가 기도해야겠다. 선지자들도, 예수님도, 산에 올라가 기도하셨으니 나도 본을 받아 기도하고 또 기도해야겠다. 그 후에 하나님의 뜻에 순종하며 나아가리라.'

산봉우리에 오를수록 날은 저물어갔고, 사람의 흔적은 점점 사라져갔습니다. 한참 동안 한 길을 따라 오르니 한쪽에 굴이 보였습니다.

'저 곳이 바로 사사봉이구나.'

저는 굴속으로 들어가 바닥에 볏짚을 깔고 머물 자리를 만들었습니다. 그리고 시간을 잊고 낮에는 성경을 읽고, 밤에는 기도를 했습니다. 하늘과 땅을 바라보며 과거의 잘못을 회개했고, 고난 가운데서도 하나님의 뜻과 계획을 신뢰하며 기도에 기도를 거듭했습니다. 죽으면 죽으리라는 심정으로 굴속에서 무릎을 꿇었습니다. 깊은 산속에 혼자 있으려니 처음에는 무서운 마음도 들었지만 기도가 거듭될수록 담대한 마음이 들었습니다.

'이미 내 안에 성령님이 계시는데 걱정할 게 무엇이냐?'

밤새도록 기도하고 굴속에서 쪽잠을 잤습니다. 배가 고플 때는 칡이나 쑥 뿌리를 캐먹었고, 밀가루를 조금씩 샘물에 풀어 마시기도 하였습니다. 나무에 열매가 열리면 감사하며 그것을 따먹었고, 땅에 약초가 솟으면 그것을 돌로 찧어서 즙을 내어 먹었습니다. 그것들은 만나처럼 필요할 때마다 제 앞에 나타났습니다.

겉으로 볼 때는 산속을 헤매는 모습이 피폐해 보였을지 몰라도 돌이켜보면 그때처럼 행복하고 즐거운 시간은 없었던 것 같습니다. 하나님께서 지으신 모든 것이 저를 지켜 주고, 재워 주고, 먹여 주었습니다. 그리고 날이 갈수록 제 안에는 하나님의 은혜와 사랑이 충만해졌습니다. 시간 가는 줄 모르고 기도하고 또 기도했습니다. 그렇게 산속에서 수년을 지내다가 내려온 저를 보고 부모님은 크게 놀라셨습니다.

"그동안 단신으로 어떻게 지낸 거냐?"

"하나님께서 모든 것을 공급해 주셨습니다. 한시도 부모님 기도를 놓은 적이 없었습니다."

"정말 얼굴이 상하기는커녕 빛이 나는구나."

반신반의하던 부모님도 그런 제 진심과 기도에 감동하여 예수님을 영접하셨습니다. 말이나 지식으로 된 것이 아니라, 전적으로 하나님의 은혜로 된 사건이었습니다. 은혜를 받은 사람에게는 어디서든 돕는 손길이 나타납니다. 또한 은혜를 받은 사람이 가는 길에는 사람들이 따라 오고 자연스레 그 은혜가 흘러갑니다.

뿐만 아니라 은혜를 받은 사람에게는 언제나 감사가 넘칩니다. 성숙한 신앙인이 모든 일에 하나님께 감사하는 것도 이 때문입니다. 하박국 선지자도 하나님의 은혜에 감동하여 "무화과나무의 열매가 없고 외양간에 소가 없을지라도, 나는 여호와로 인하여 즐거워하고 기뻐한다."고 고백하고 있습니다.

하나님이 주신 은혜가 크면 그 삶이 변화되는 것은 당연한 수순입니다. 저 또한 주님을 영접한 뒤에는 세상의 것들이 다 분토와 같아 보였습니다. 하늘의 것에 대한 소망이 커지면서 그것을 믿지 않는 사람에게 알려주고 싶은 마음 또한 커졌습니다. 그 길만이 하나님께서 제게 주신 크신 은혜에 조금이라도 보답하는 길이라고 생각했습니다. 그래서 마침내 저는 기도 가운데 신학교에 진학하기로 결단하였습니다. 저는 날마다 사람들에게 복음을 전하는 꿈을 꾸었고, 또 그런 사람이 되게 해달라고 간구했습니다. 희망이 없는 이 시대에 성도들에게 꿈을 심어 줄 수 있는 목회를 하게 해달라고, 그렇게 예수님을 닮은 목회자가 되게 해달라고 기도했습니다.

7장
꿈과 기도의 비밀

제가 삼양교회를 개척할 때 교회에 청년이 거의 90명 가까이 모여들었습니다. 교회를 개척하자마자 감사하게도 하나님께서 청년부에 부흥을 주신 것입니다. 거기에 부산에 있던 보생산업이라는 회사가 양산으로 이사 오면서 청년이 더 많아졌습니다. 개척 후 1년 만에 67평짜리 교회를 건축하기 시작했는데 청년들의 열정이 대단했습니다.

"목사님, 저에게는 하나님의 성전이 가장 우선입니다."

어느 날, 한 청년이 직장에 사표를 내고 퇴직금을 받아서 건축헌금으로 내놓았습니다.

"형제님, 아무리 그래도 회사까지 그만두고 퇴직금을 몽땅 가져오면 어떡합니까?"

그 형제는 환하게 웃으며 고개를 저으면서 말했습니다.

"아닙니다. 목사님, 저는 다시 더 좋은 회사에 입사하면 됩니다. 그보다는 교회가 먼저예요. 저는 하나님께서 제 길을 인도하실 줄 믿습니다."

저는 그 형제의 두 손을 꼭 잡고 아무 말도 할 수 없었습니다. 그 당시 우리교회 청년들에게는 꿈이 있었고, 비전이 있었습니다. 하나님께서 그들을 꿈꾸게 하셨고, 소망을 갖게 하셨습니다. 덕분에 그때 그렇게 헌신했던 청년의 상당수가 신학교에 입학했고, 지금은 목사가 되어서 목회를 하고 있습니다.

하나님은 우리가 제물이 되기를 원하십니다. 하지만 대부분의 사람들이 제물이 될 생각은 없으면서 직분에만 욕심을 냅니다. 그러나 청년들이 자신에게 주어진 은사와 재능을 하나님의 영광을 위해서 사용한다면 하나님께서는 더 큰 미래를 예비해 주실 것입니다. 교회가 존재하는 이유는 바로 이러한 하나님의 일꾼을 준비시키고 파송하여 하나님 나라를 이 땅 가운데 실현하는 것 아닙니까? 신실한 하나님의 청년들이 이 땅 곳곳에서 요셉처럼 꿈을 꾸고, 민족의 지도자로 세워지는 날을 저는 지금도 변함없이 꿈꾸고 기도하고 있습니다.

꿈꾸는 사람은 "너희는 이 세대를 본받지 말고 오직 마음을 새롭게 함으로 변화를 받아 하나님의 선하시고 기뻐하시고 온전하신 뜻이 무엇인지 분별하도록 하라"(롬 12:2)는 말씀처럼 하나님의 뜻을 분별하는 사람입니다. 바꾸어 말하면 하나님의 뜻이 무엇인가를 구하면서 기도하는 사람이 바로 꿈꾸는 사람입니다.

제가 아직 신대원을 다닐 때인데 시골교회에서 한 가정을 데리고 목회를 한 적이 있었습니다. 그때 저는 새벽기도를 가기 위해 매일 차를 다섯 번씩 갈아타고, 다시 자전거를 타고 20리 길을 달려야 했습니다. 하지만 5년 동안 단 한 번도 빠진 적이 없습니다. 사례비로 무척 적은 돈을 받았지만 기쁘고 감사한 마음으로 죽도록 충성하다 보니 하나님께서 저를 양산으로 보내 주셨습니다.

하나님께서 주신 꿈을 가지면 삶이 달라집니다. 아무 대가도 바라지 않고 기쁘게 하나님의 일을 하게 됩니다. 그러면 하나님께서는 반드시 그가 수고한 것의 수십, 수백 배의 상급으로 되돌려 주십니다.

이것이 바로 꿈과 기도의 비밀입니다.

아브라함 링컨은 백악관을 기도실로 만든 대통령으로 유명합니다. 그는 항상 집무실에서 이런 기도를 했다고 합니다.

"하나님, 제가 이 세상에서 당신의 뜻에 따라 살았기 때문에 이 세상이 조금이라도 좋아졌다는 소리를 듣고 싶습니다. 당신의 계획대로 저를 써 주소서."

주님께서는 "먼저 그의 나라와 그의 의를 구하라"고 말씀하셨습니다. 링컨은 자신의 역할을 통해 이 세상에 조금이라도 하나님 나라가 이루어지기를 기도했습니다. 하나님은 이러한 그의 기도를 통해 많은 일을 이루셨습니다.

저 또한 하나님께서 보여 주신 꿈을 위해 수시로 산에 올라가서 눈비를 맞으며 이런 기도를 드립니다.

"하나님, 우리교회에서 자라는 학생들, 총명하고 신실한 중고등부 자녀들, 저 아이들을 잘 양육해 주시어 민족과 열방을 변화시키는데 귀하게 써 주옵소서."

하나님의 은혜는 너무나 크고 놀라워서 우리가 차마 헤아릴 수 없습니다. 하나님께서는 당신의 미쁘신 뜻을 따라 우리가 꿈꾸게 하시고, 그 꿈을 향해 달려가게 하십니다. 그리고 마침내 하나님께서 꿈을 이루어 주십니다. 이것이 바로 우리가 기도하는 이유이자 꿈을 꾸는 이유입니다.

8장

손 씨 문중 이야기

양지교회에 전도사로 부임할 때 저는 하나님께 세 가지를 기도드렸습니다. 첫째는 이 곳에 하나님의 살아계심이 드러나게 해달라는 것이었고, 둘째는 무너져 가는 양지교회를 어떻게든 일으켜 달라는 것이었으며, 셋째는 이 교회가 자립할 때가 되면 저를 주님이 원하시는 다른 곳으로 보내 달라는 것이었습니다. 돌이켜 보면 이 기도야말로 저를 위한 기도가 아닌 전적으로 하나님의 영광을 위한 기도였습니다.

무엇보다 첫 번째 기도가 간절했습니다. 하나님의 손길이 있어야 두 번째, 세 번째 기도제목도 자연스레 이루어질 것이기 때문입니다.

"하나님, 이 마을에 하나님의 살아계심을 보여 주옵소서. 특별히 이 지역의 중심 가문을 먼저 움직여 주옵소서."

그 곳은 손 씨 문중들만 모여 사는 곳이었기에 이들에게 복음을 전하기 위해서는 먼저 가문에서 가장 웃어른이 예수님을 믿어야 했습니다. 그래야 나머지 가정에도 복음이 들어갈 수 있을 것 같았습니다. 그러나 손 씨들은 전통적으로 무속신앙을 믿었기에 복음을 전하는 것이 여간 어려운 일이 아니었습니다. 그래서 저는 그저 무릎을 꿇고 기도하는 것 외에 아무것도 할 수 없었습니다.

"하나님, 이 곳에 하나님의 역사하심을 분명하게 보여 주옵소서. 손 씨 문중의 가장 웃어른을 먼저 움직여 주옵소서. 그 집안이 교회에 나올 수밖에 없는 일이 일어나게 하여 주옵소서."

하루, 이틀, 사흘, 나흘 기도는 계속 이어졌고, 그렇게 40일이 지났을 때 한 가지 소식이 들려왔습니다. 그 집안의 '혜림이'라는 할머니가 암 선고를 받았다는 소식이었습니다. 이미 병세가 깊어 살기 힘들다고 했습니다. 할머니께서는 서울 대학병원을 비롯하여 전국의 유명한 병원들을 다 찾아다녔지만 의사들은 고개를 저을 뿐이었습니다. 할머니는 결국 치료를 포기하고 집으로 돌아와 누우셨습니다.

"하나님께서 예비하신 일이 바로 이것이군요. 감사합니다. 부디 혜림이 할머니와 함께하소서. 그분을 통해 손 씨 문중이, 그리고 이 땅이 하나님을 알게 하소서."

아픈 할머니로 인해 그 집안에서는 하루가 멀다 하고 굿하는 소리가 들려왔습니다. 하지만 아무 소용이 없었습니다. 그러다 어느 날부터 아무도 다녀가지 않았고, 간간히 가족들이 우는 소리만 들려왔습니다.

"저는 양지교회에서 온 정연철 전도사입니다. 할머님께서 아프시다 들었습니다."

그 집을 찾아가서 준비한 말을 채 마치기도 전에 한 바가지의 물세례를 맞았습니다.

"목사가 무슨 일로, 얼른 돌아가세요."

저는 물에 젖은 채 그대로 쫓겨났습니다. 하지만 몇날 며칠이고 기도를 멈추지 않았습니다. 그리고는 다시 그 집을 찾아갔습니다. 그러나 이번엔 소금세례를 맞았습니다.

그러던 어느 날 밤늦게 교회에 들어서는데, 누군가 교회 입구 마당에 서 있는 게 보였습니다. 달빛에 비친 얼굴을 보니 바로 그 집안 며느리였습니다. 그 사람은 잔뜩 미안한 얼굴로 공손히 허리를 숙였습니다.

“전도사님, 지난날에는 정말 미안했습니다. 저희 어머님께서 뵙자고 하십니다. 꼭 시간을 내주세요.”

저는 곧바로 며느리를 따라 그 집으로 갔습니다. 혜림이 할머니가 누워있는 안방 문을 열고 들어서니 퀴퀴한 냄새가 진동했습니다. 할머니는 바짝 마른 몸으로 간신히 숨을 몰아쉬고 있었습니다.

“전도사님, 저도 예수님을 믿으면 나을 수 있을까요?”

할머니는 앙상한 손을 내밀어 제 손을 붙들었습니다.

“물론이지요. 할머니, 나을 수 있습니다. 예수님을 믿으면 나을 수 있습니다.”

옆에 있던 할아버지께서도 제 손을 붙잡고 말씀하셨습니다.

"제발 부탁드립니다. 돈은 얼마든지 드리겠습니다."

하지만 저는 고개를 저으며 정색했습니다.

"돈은 필요 없습니다. 저는 이 곳에 예수님을 전하러 왔습니다. 그분은 아무런 대가 없이 은혜를 주시는 분입니다. 오늘부터 열흘간 아침과 저녁에 이 집 마당에서 예배를 드릴 테니 손 씨 문중 식구들을 모두 모아주세요."

"알겠습니다. 무엇이든지 하겠습니다."

"단 예배를 드릴 때 전심을 다해야 합니다. 제 설교를 경청해 주시고 기도할 때도 마음을 다해 주세요. 그러면 주님께서 분명히 할머니를 일으켜 주실 것입니다."

가만히 고개를 끄덕이며 듣고 있던 가족들이 되물었습니다.

"그런데도 할머니가 낫지 않으면 어떻게 되지요?"

"그 또한 하나님의 뜻이겠지요. 그러면 화가 풀리실 때까지 저를 어떻게 하시든 달게 받겠습니다. 딱 열흘입니다."

저는 '죽으면 죽으리라'는 심정으로 손 씨 문중 사람들을 놓고 간절히 기도했습니다. 아침, 저녁으로 금식하며 온힘을 다해 설교를 했고, 혜림이 할머니를 붙들고 기도를 드렸습니다. 하지만 그렇게 9일이 흘렀는데도 아무런 차도가 보이지 않았습니다. 처음에는 조바심도 났지만 9일째가 되니 차라리 마음이 편했습니다. 할머니를 살리시는 것도, 거두시는 것도 하나님의 뜻이었습니다. 저는 그저 그 뜻에 순종할 따름이었습니다. 설사 할머니께 아무런 변화가 없어서 제가 맞아 죽더라도 감사할 수 있는 마음의 준비가 되어 있었습니다.

열흘째 되는 날은 주일이었습니다. 저는 새벽부터 양지교회에 나가 기도를 했습니다. 그러다 11시 예배시간이 되어 몇 명 되지 않는 교인들과 예배를 드리기 시작했습니다. 조용히 기도로 예배를 여는데 가까이에서 발자국 소리가 들려왔습니다. 더는 올 사람이 없었기에 저는 근처에 있는 저수지로 낚시를 하러 가던 사람이 잠시 들러서 예배를 드리려나보다 하고 생각했습니다. 이윽고 교회 문이 열리고 기도를 마친 저는 눈을 떴습니다.

"전도사님, 감사합니다. 감사합니다."

어제까지만 해도 다 죽어가던 혜림이 할머니께서 아침 햇살을 맞으며 한복을 입고 정정하게 거기 서 계셨습니다. 그 옆에서는 며느리가 할머니를 부축하며 환하게 웃고 있었습니다. 저는 그 광경이 믿기지 않아 몇 번이고 두 눈을 비볐습니다. 하나님께서 정말 할머니를 낫게 하신 것이었습니다.

마을에서는 큰 잔치가 벌어졌고, 그때부터 지역 사람들이 교회로 찾아오기 시작했습니다. 소문은 꼬리에 꼬리를 물고 이어져 경기도 광주에서 서울 천호동으로, 그리고 인천까지 퍼져 나갔습니다.

"혜림이 할머니가 살았다! 양지교회에서 하나님이 일하셨다! 하나님께서 저 전도사님을 통해 일하셨다!"

저는 그때 하나님께서 가장 기뻐하는 일이 영혼을 사랑하는 일임을 깊이 깨달았습니다. 그리고 한 알의 밀알이 땅에 떨어져 썩지 않으면 절대로 하나님의 역사가 일어나지 않는다는 것도 알게 되었습니다. 더불어 한 영혼을 위하여 죽고자 하는 자는 살고, 한 영혼을 위하여 낮아지는 자는 높임을 받는다는 것도 깨닫게 되었습니다. 주님을 따른다는 것은 자신을 버리는 일이고, 자신을 밀알처럼 내어 드리는 일입니다. 예수님께서 우리를 위하여 그렇게 밀알처럼 죽으셨고, 다시 살아나셔서 우리에게 영생을 주신 것처럼 말입니다.

9장

무언가 빠진 것

초대교회는 오직 기도에 힘쓰며 겸손히 자신의 자아를 내려놓고, 전적으로 하나님의 인도하심을 구하며 나아갔던 교회였습니다.

우리는 초대교회처럼 더욱 더 무릎으로 기도하며 나아가야 합니다. 기도로 이 사회를 변화시키고, 교회를 변화시키며 사람들의 마음을 움직여야 합니다. 기도 없이는 자식의 행실 하나도 바꿀 수 없습니다. 부모의 기도가 자식을 변화시키는 것입니다. 또한 기도는 성도의 마음을 새롭게 합니다. 엘리야는 갈멜산에 올라 그 얼굴을 다리 사이에 묻고 깊이 엎드려 기도했습니다.

이러한 기도는 자기를 부인하여 자기 자신을 하나님 앞에 제물로 드리는 기도입니다. 즉 엘리야가 얼굴을 무릎 사이에 넣고 기도한 것은 전적으로 하나님만 의지하겠다는 믿음의 표현인 것입니다. 기도하는 행위는 그 자체로 하나님께 모든 것을 맡기겠다는 의지의 표현인 것입니다. 다시 말해 이러한 기도의 자세는 자신은 죽어도 좋겠다는 뜻입니다.

이 같은 엘리야의 목숨을 건 기도는 응답을 받아 큰 비를 내리게 했습니다. 여기에서 주목할 것은 '여호와의 능력이 엘리야에게 임했다'는 것입니다. 하나님께서 엘리야에게 하나님의 능력을 입혀 주신 것입니다. 그는 마차를 타고 달리는 사람보다도 앞서가서 궁전으로 들어섰습니다. 엘리야는 어떤 문제를 놓고 기도했는데, 하나님께서는 그 문제를 해결해 주셨을 뿐 아니라 기도하는 엘리야에게 하나님의 능력까지 부어주신 것입니다.

몇 해 전, 경북 의성에 있는 한 교회로 집회를 간 적이 있었는데 마침 그 지역에는 가뭄이 심했습니다. 길을 지나다 보니 근처의 마늘밭이며 고추밭, 사과밭 과수원 할 것 없이 모두 말라붙어 있었습니다. 그 모습은 마치 사막화 되어가는 초원지대 같았습니다. 그나마 급히 열매를 따서 내다 팔지 않으면 아무것도 건질 것이 없어 보였습니다. 그래서 제가 방문한 교회의 목사님은 비상기도회를 선포하여 교인들과 밤낮없이 무릎을 꿇고 기도를 하고 있었습니다.

"엘리야의 기도를 들으시고 비를 내려주신 하나님, 우리의 기도에도 응답하시어 비를 내려 주실 줄로 믿습니다."

그렇게 기도주간을 정하여 온 교회가 한 주 내내 기도를 이어가니 그 땅에 놀라운 일이 일어났습니다. 기도를 마치는 날 하나님께서 소낙비를 내려 주셨는데 그것도 교인들이 사는 지역에만 흠뻑 부어주신 것이었습니다.

"하나님께서 우리에게 비를 주셨어요. 기도에 응답해 주셨어요!"

교인들은 기쁜 마음에 소식을 전하러 이곳 저곳을 다녔는데 신기하게도 다른 지역에는 비가 오지 않았습니다. 정말로 간절히 기도한 교인의 밭에만 비를 내려 주신 것이었습니다.

하나님께서 교회의 기도에 응답하셔서 일어날 수 없는 기적을 일으켜 주신 것입니다.

우리 삼양교회의 가장 큰 특징 중 하나도 바로 '기도하는 교회'라는 점입니다. "내 집은 만민이 기도하는 집이라"(사 56:7)라고 하신 말씀처럼 우리교회에는 성도들의 기도 소리가 끊이지 않습니다.

사실 사역 초기에는 저 역시 기도에 큰 비중을 두지 않았습니다. 하지만 어느 순간부터 목회에서 무언가 부족한 것을 느끼게 되었습니다. 기도의 능력을 신뢰한다면서도 기도하지 않았던 저의 모습을 돌아보게 된 것입니다. 예수님께서는 제자들에게 기도하는 법을 몸소 기도로 가르치셨습니다. 동시에 하나님 나라와 복음에 대한 진리를 바로 깨닫도록 거듭해서 가르치셨습니다. 이처럼 가르침과 훈련, 기도가 병행될 때 비로소 제자들은 사도로 거듭날 수 있었습니다.

제자훈련은 평신도들이 세상에서 역동적으로 살아갈 수 있도록 가르치고 훈련시키는 프로그램입니다. 그런데 저는 한동안 기도와 제자훈련을 따로 생각했습니다. 즉 제자훈련은 가르치고 훈련시키는 이성적이며 체계적인 프로그램이고, 기도는 영적인 운동이므로 하나로 합쳐질 수 없다고 무의식적으로 분리해서 생각하고 있었던 것입니다. 저는 이런 제 모습을 깨닫고 도전을 받아 당장 제자훈련을 위한 프로그램을 재정비하였습니다. 그동안 기도와 제자훈련, 이 두 가지를 너무 이원론적으로 나눠서 생각한 것이 제게 무언가 빠진 것 같은 찜찜한 기분이 들게 했던 것입니다. 기도와 제자훈련은 자연스레 병행되어야 하는 것이 순리인데 말입니다.

예수님께서는 "내가 너희에게 분부한 모든 것을 가르쳐 지키게 하라"는 지상명령을 제자들에게 주셨습니다. 그러므로 교회는 하나님의 말씀을 가르쳐 지키게 하는데 온힘을 기울여야 합니다. 평신도 한 사람을 온전한 영적 지도자로 키우기 위해서는 하나님의 말씀을 끊임없이 배우고 묵상하는 것과 항상 깨어서 기도하는 것을 둘 다 가르쳐야 합니다. 즉 기도생활과 제자훈련은 실상 맞물리며 순환되는 하나인 것입니다.

특히 주일학교 선생님과 교역자는 이 사실을 명심해야 합니다. 교사라는 책임의식을 가지고 먼저 하나님의 말씀을 자기 자신에게 체질화하여 그 체질화된 말씀을 다시 학생들에게 전달해야 합니다. 그러기 위해서는 자신이 먼저 부지런하고 겸손히 하나님의 말씀을 연구해야 합니다. 이렇게 준비된 교사에게서 아이들이 생명력 있게 자라는 것입니다. 이렇듯 교사가 눈물어린 기도로 아이들을 품고, 열정을 다해 아이들을 가르치면 아이들은 성령의 감동으로 곱절로 성장합니다. 결론적으로 말해 한 사람을 '추수할 일꾼'으로 바로 세우는 것이 바로 제자훈련의 목적인 것입니다.

그런 의미에서 우리교회는 제자훈련을 마치지 않으면 직분을 맡기지 않습니다. 권사나 안수집사, 장로도 마찬가지입니다. 어떤 직분이든 제자훈련을 받아야 직분을 받을 자격이 생깁니다. 제자훈련을 통해 신앙을 그리스도 안에서 말씀위에 바로 세우고, 주님의 지상명령에 순종하는 비전을 가진 사람만이 직분을 맡을 수 있습니다. 또한 교회는 이 모든 과정이 오직 보혜사 성령님 안에서 이루어지도록 항상 깨어 기도해야 합니다.

한편 '보혜사'(保惠師)란 어떤 사람을 지켜 주는 스승을 가리키는데 성령님은 바로 이러한 보혜사로서 우리를 보호하시고, 진리의 영으로 우리를 인도하시므로 우리가 '예루살렘과 온 유대와 사마리아와 땅 끝까지' 주님을 증거하고 하나님의 말씀을 가르칠 수 있도록 도와주십니다.

성도를 인도하시는 분이 성령님이시기에 성도가 온전해지기 위해서는 성령님께 순종해야 합니다. 즉 우리는 성령의 인도하심을 받을 때 비로소 하나님의 말씀을 깨닫게 되며, 하나님의 뜻을 삶속에서 실제로 행하게 됩니다. 다시 말해 성령의 조명이 없다면 성경을 통해 감동을 받거나 하나님의 뜻을 알 수 없고 따라서 말씀에 순종할 수 없게 됩니다. 이는 아무리 성경을 많이 연구하는 학자라도 예외가 없습니다. 바리새인과 율법학자들은 하나님에 관한 이론적 사실을 지나칠 정도로 많이 알고 있었지만, 예수님께서는 그들을 이렇게 책망하셨습니다.

"너희는 아무 때에도 그 음성을 듣지 못하였고 그 형상을 보지 못하였으며"(요 5:37)

당시 수많은 군중이 예수님께서 행하신 일을 직접 목격했고, 그 능력을 체험했으며, 예수님을 쫓아다니면서 그분의 가르침을 들었습니다. 그럼에도 불구하고 그들은 하나님의 아들인 그리스도를 알아보지 못했습니다. 그러나 이를 알아본 사람이 있었는데 그는 바로 예수님과 수년간 동고동락하며 '제자훈련'을 받은 베드로였습니다.

베드로는 예수님에게서 그리스도를 보았고, 생명의 말씀을 보았습니다. 그렇기 때문에 모든 것을 바쳐 주님을 따를 수 있었던 것입니다. 그런데 이러한 은혜는 하나님만이 주시는 것입니다. 즉 성령님이 조명해 주실 때만 우리는 하나님을 보게 되고, 알게 되는 것입니다.

일단 주님을 알게 되면, 우리는 전 존재로 주님을 사랑할 수밖에 없게 됩니다. 오늘날 많은 교회의 제자훈련에서 빠진 것은 바로 이것입니다. 이미 제자훈련 프로그램을 통해 제자가 된 성도라면 성령님의 조명 아래서 하나님을 체험하여 바로 알아야 합니다. 오직 예수 그리스도를 아는 사람은 사랑하게 되고, 그분과 연합하여 하나님께 영광을 돌리는 삶을 살게 됩니다. 이것이 든든한 교회의 기초가 됩니다. 우리는 누구나 주님을 아는 만큼만 증거 할 수 있기 때문입니다.

성도는 말씀과 성령이 조화된 삶을 살아야 합니다. 그러기 위해서는 철저하게 하나님의 말씀으로 무장되어야 하며 성령에 민감하여 그분의 통치하심에 귀를 기울여야 합니다. 이러한 과정이 생활화될 수 있도록 걸음마를 가르치는 것이 바로 제자훈련입니다. 균형 잡힌 제자훈련이 되지 않는다면 진정한 그리스도인으로 성장할 수 없을 뿐더러 주님의 말씀을 전하거나 가르칠 수 없는 그리스도인이 되고 말 것입니다.

10장

기도하는 교회

우리교회는 기도를 강조하는 교회입니다. 말로만 기도를 강조하는 것이 아니라 먼저 저 자신이 수없이 강단에서 잠을 자며 일천번제의 기도를 하나님께 드림으로써 성도들의 기도 생활에 본이 되려고 애를 씁니다. 제가 작정하고 일천번제로 새벽과 밤에 하나님께 기도하기 시작하면 그 기간에는 양산 시내에도 나가지 않고 강단에 엎드려, 오직 하나님 앞에만 엎드리도록 저 자신을 훈련시킵니다. 이러한 저의 기도 생활은 자연스럽게 우리교회의 제자훈련과 성도들에게 스며들어 많은 기도의 열매를 맺습니다. 특히 아브라함과 사라에게 태의 문을 여셨던 하나님의 은혜가 일천번제 기도 중에 성도의 가정에 부어지는 기적도 체험했습니다.

우리교회의 어떤 집사님 부부는 결혼 후 10년이 넘는 기간 동안 자녀가 없었습니다. 이 부부는 마음이 어려워 교회를 떠나고 싶은 마음까지 가지게 되었습니다. 그래서 저는 그 가정을 위해 매일 일천번제 기도를 하나님께 드렸습니다. 그런데 믿을 수 없는 일이 일어났습니다. 제가 그 집사님 부부를 위해 일천번제의 중보기도를 마치는 날, 하나님께서 그 집사님 부부에게 자녀를 허락하신 것입니다. 이러한 체험을 통해 저는 기도를 하는 것도 중요하지만 어떤 자세와 마음과 정성으로 기도하는 가도 중요하다는 것을 깨달았습니다.

우리교회는 밤낮으로 부르짖는 기도가 힘 있게 울리는 교회입니다. 한번은 철야기도를 하는데 동네 주민들이 물동이를 이고 교회로 찾아온 적이 있습니다. 한참 기도를 하고 있는데 부목사가 저를 흔들어 교회 마당으로 내려갔더니 동네 주민들이 물동이를 이고 교회 마당에 서 있기에 “왜 그러십니까?”하고 물었습니다. 그랬더니 자다가 “불이여”하는 소리가 들려 불을 끄러 왔다는 것입니다. 웃지 못 할 에피소드지만 불이 붙은 것처럼 뜨겁게 기도하는 교회, 부르짖으며 간절히 은혜를 사모하는 교회에는 반드시 성령님만이 하실 수 있는 일들이 일어납니다.

저는 목회자로서 상담 요청을 받을 때 누구에게든지 먼저 묻는 말이 있습니다. 그것은 제게 상담을 요청하기 전에 먼저 그 문제에 대해 충분히 기도를 해 봤냐는 것입니다. 만약 그 문제에 대해 기도를 하지 않았다면 저는 누구라도 돌려보냅니다. 그리고 먼저 그 문제에 대해 하나님께 충분히 기도해 보고 다시 오라고 권합니다. 우리 모두에게는 최고의 상담자이자 안내자인 보혜사 성령님이 계시기 때문입니다.

부르신
곳에서

3부

제자훈련에 기도가 더해질 때

11장
주님께 칭찬받는 사역

우리나라에서 지금껏 대부분의 교회는 양적 성장에 치중해 왔습니다. 성도의 수가 늘어나는 만큼 커져 가는 교회의 건물과 헌금이 곧 교회의 부흥이자 은혜의 징표처럼 여겨졌던 것이 사실입니다. 하지만 이러한 관점은 한국사회는 물론이고, 교계에도 여러 부작용을 초래했습니다. 성도의 질적 성장보다 양적 성장을 중요시 여긴 결과로 한국교회와 성도는 지금 많은 부침을 겪고 있습니다.

한국교회는 1960년대 중반부터 15~20년간 폭발적인 성장을 했습니다. 연간 4,000여 개의 교회가 새로 생겨났다고 하니 하루에 10개꼴로 새로운 교회가 생긴 셈입니다. 물론 이는 한국교회가 열렬한 기도로 복음화 운동을 지속적으로 일으킨 결과이기도 합니다.

그러나 문제는 양적인 성장에만 집착하여 부흥의 결과를 영적 성장과 성숙으로 온전히 연결시키지 못한 것입니다. 쉽게 말해 첫사랑을 잃어버린 교회가 영혼 구원과 양육이라는 사랑의 본질을 붙들기는커녕 어떻게 하면 더 많은 성도를 교회로 불러 모을까에만 골몰하면서 문제를 키워 왔습니다. 하지만 숨겨져 있던 문제는 어느 순간 양적인 성장만을 추구하며 말씀을 잃어버린 교회를 쓰러뜨리기에 이르렀습니다. 문제가 곪아 터지는 교회들이 속출하기 시작한 것입니다.

우리교회는 사역초기였던 1980년대부터 제자훈련에 집중하였는데 그것은 바로 이러한 문제를 간파했기 때문입니다. 우리교회는 양적인 성장보다 내적인 변화를 소망하고 있습니다. 저는 성도 한 사람 한 사람이 베드로와 요한처럼 진정으로 거듭나서 하나님 나라를 바라보며 달려갈 수 있기를 원합니다.

모래 위에 지은 성은 결국 무너질 수밖에 없습니다. 그러므로 우리는 반석이신 예수님과 그의 말씀 위에 집을 지어야 합니다. 이렇게 무너지지 않을 튼튼한 집을 짓는 것을 '질적 성장'이라고 하는 것입니다. '오직 예수', '오직 말씀'이라는 말을 마음에 새기며 성도들이 예수님의 제자로 온전히 세워지도록 돕다 보면, 질적 성장은 자연스럽게 양적 성장으로 이어지게 되어 있습니다.

사실 성도들이 설교 말씀을 통해 은혜만 받아도 혼자 신앙생활을 하는 데는 큰 무리가 없습니다. 하지만 그렇게 한 주, 한 주 설교를 통해 위로만 받고 교회 문을 나서면 심리적인 안정은 얻을지 몰라도 전인적인 변화는 일어나지 않습니다. 그런 성도는 꼬박꼬박 교회에 출석은 하지만 매너리즘에 빠진 미지근한 그리스도인이 되고 맙니다. 그런데 수십 년 동안 그렇게 신앙생활을 하는 그리스도인이 의외로 많은 것이 슬픈 현실입니다. 그리고 이러한 그리스도인은 모래 위에 지은 성처럼 작은 시련만 닥쳐와도 크게 흔들리게 됩니다. 예수님께서도 이런 그리스도인을 향해 "차든지 뜨겁든지 하라"(계 3:15)고 말씀하셨습니다. 따라서 성도 한 사람, 한 사람이 하나님을 인격적으로 만나서 예수님의 제자로 거듭나려면 반드시 일정한 훈련이 필요합니다.

예수님께서는 따로 학교를 만들어 제자를 양성하지 않으셨습니다. 그저 일상 속에서 만나는 사람에게 손을 내밀어 그 중에서 열두 명의 제자를 선택하여 훈련을 시키셨습니다. 즉 복음서에 나오는 알곡과 쭉정이의 비유처럼 제자훈련이란 알곡을 고르고, 다지는 과정인 것입니다.

그러므로 우리는 서로 비교하면서 겉으로 보이는 모습만 보고 그 사람의 신앙이 얼마나 크고 넓은 지를 측량하지 말아야 합니다. 보이지 않는 골방에서 드리는 기도가 더 진심을 담은 기도일 수 있듯이 신앙이란 양이 아닌 질로 측량되는 것이기 때문입니다. 비록 겉으로는 평평해서 잘 보이지 않아도 주님 안에 깊이 뿌리내린 신앙의 깊이, 즉 신앙의 질에 관심을 가져야 하는 것입니다.

이렇게 반석 위에 굳게 뿌리내린 질적 성장에 양적 성장이 더해질 때 포도나무에서 뻗어 나온 가지가 그늘을 만들고 열매를 맺는 것처럼 교회도 그 역할을 감당하며 아름답게 열매 맺을 것입니다. 그런 의미에서 교회는 단연 질적 성장을 먼저 추구해야 합니다.

신앙생활은 한마디로 인격적인 하나님과의 교제입니다. 하나님과의 교제를 통해서 성도의 인격이 변합니다. 기독교가 다른 종교와 다른 점은 인격적인 하나님을 예배를 통해 만나고 교제함으로써 예수님 안에서 그 영혼뿐 아니라 전인격이 거듭나고 변화된다는 점입니다.

물론 그리스도인에게 예배는 필수적인 것이지만 그것만으로 성도의 신앙생활에 필요한 모든 것이 채워지거나 점검되지는 않습니다. 이 부족한 부분은 공동체 안에서 양육과 훈련을 받음으로써 채워지게 되어 있는 것입니다. 그러므로 교회는 성도가 진정으로 하나님의 말씀을 깨달아 어디서나 예수님 안에 바로 서서 담대하게 예수님의 제자로서 복음을 전하며 살 수 있도록 계속해서 훈련시켜야 합니다.

목회의 목적이 하나님 나라의 구현이라는 사실을 잊지 마십시오. 또한 성도가 하나님 나라를 진정으로 소망하면서 이 땅에 이루어 가려면 반드시 신앙과 인격의 성숙이 필수적이라는 사실도 기억해야 합니다. 다시 말해 하나님 나라의 관점에서 성도의 성숙은 곧 '질적 성장'이고, 하나님 나라를 확장해 나가는 노력은 '양적 성장'이라 볼 수 있습니다. 이러한 신앙의 양적 성장과 질적 성장이 균형을 이룰 때 교회가 단단하게 성장하면서 동시에 성도들도 하나님 나라를 깊이 체험할 수 있게 될 것입니다.

12장

매너리즘에 빠진 교회

솔직히 말해 우리교회 역시 얼마간 '전통적인 매너리즘'에 빠져 힘들었던 적이 있습니다. 우리교회가 있는 곳은 오랜 세월 불교의 영향을 많이 받아 왔던 지역입니다. 사방으로 통도사, 내원사, 범어사 등의 주요 사찰이 몰려 있다 보니 주민들의 머릿속은 다분히 불교적인 가치관으로 채워져 있었습니다. 심지어 담임목사인 저를 부를 때 '주지목사'라고 부르는 사람도 있었습니다. 이처럼 교회에 나오는 사람조차도 오래 된 기복주의 신앙과 불교의 영향을 받은 현실도피적인 성향을 지니고 있었습니다. 즉 '그리스도인'이 아닌 '종

교인'이었던 것입니다. 진정한 예수 그리스도의 제자로 살아가는 데는 관심이 없고, 그저 복을 많이 받기만을 바라면서 교회에 다녔습니다. 평탄한 하루하루를 보내는 것이 삶의 유일한 목표였으며 새로운 것을 받아들이고 변화되기보다는 이전 것을 지키며 고수하는 것이 더 편한 사람들이었습니다.

이렇게 '전통적인 매너리즘'에 사로잡힌 땅에서 진정한 삶의 변화를 촉구하는 제자훈련 프로그램은 생소한 것이었고, 불편한 것이었습니다. 제자훈련은 곧 삶속에 혁명을 일으키는 과정이기 때문입니다. 예수님 안에서 내 삶을 전적으로 재편하겠다는 의지가 없이는 시작할 수도 없는 과정이었기에 성도들은 처음에 제자훈련을 너무나 어려워했고 또 두려워했습니다.

그런 상황에서 제가 할 수 있는 일은 오직 성도들을 주님 앞으로 이끄는 것뿐이었습니다. 이 지역에 교회를 세우신 분도 주님이시고, 이 땅을 어루만지실 분도 역시 주님이시기에 주님께서 역사하신다면 반드시 변화의 물결이 일어날 것이라고 굳게 믿으면서 앞으로 나아갔습니다. 저는 고민하고 흔들리기보다 오히려 목회의 본질을 붙들고 묵묵히 기도하면서 제자훈련을 시작하였습니다.

처음 제자훈련을 할 때 한 집사님께서 눈물을 훔치던 모습이 떠오릅니다. '가정과 부부관계에서 불화의 원인이 누구에게 있을까?'에 대해 나누고 있었는데, 그 집사님께서 하염없이 눈물을 흘리며 가슴을 치는 것이었습니다. 이유를 물어보니 이렇게 대답했습니다.

"저는 교육자 가문에서 태어나 여러모로 부족할 게 없는 사람이었어요. 그래서 남편을 저보다 낮게 여기고 무시하면서 어린 두 딸에게도 사랑을 주지 않았어요. 그게 너무 미안해요."

그 집사님은 그때 이혼까지 결심한 상태였는데, 제자훈련을 하면서 하나님을 말씀을 배우다 보니 모든 원인이 교만한 자신에게 있다는 것을 깨달은 것이었습니다. 그분은 많은 눈물을 흘리며 자신의 죄를 회개했고, 그 이후 사랑이 넘치는 사역자로 거듭났습니다. 가정에서 좋은 아내이자 어머니로 다시 태어난 것은 물론이요, 신학교에도 진학하게 된 것입니다.

저는 제자훈련이야말로 성장 일변도의 한국교회를 치유하기 위한 하나님의 특별한 선물이라고 생각합니다. 제자훈련은 이 시대를 어떻게 분별할 지, 세상 속에서 성도들의 어려움이 무엇인지, 무엇으로 점점 악해지는 세상에 맞서 살아가야 하는 지를 명확하게 인식시켜 주는 도구이기 때문입니다.

무엇보다 제자훈련은 말씀을 배우는 과정입니다. 말씀의 능력은 지역성을 초월합니다. 아무리 사역하는 지역이 패쇄적이고 보수적이어도 말씀 속에 역사하시는 하나님의 능력은 그 모든 것을 초월합니다. 우리교회 또한 이러한 하나님의 능력으로 많은 사람이 변화되었으며 지금도 변화되고 있습니다.

이렇게 변화된 성도들이 교회 내에서 다른 사람을 가르치기 시작하면 목회자의 든든한 지원군이자 동역자가 되는 것입니다. 많은 교회가 이런 동역자의 도움 없이, 목회자 혼자만 사역을 하기 때문에 많은 부침을 겪고 있습니다. 예수님께서도 결코 혼자서 말씀을 전하지 않으셨습니다. 제자들을 가르치시기도 하셨지만 예수님 역시 제자들과 먹고 마시면서 때로는 그들에게 위로를 받기도 하셨습니다. 이렇듯 제자훈련은 평신도 한 사람 한 사람을 깨워서 목회 동역자로 세우는 과정인 것입니다.

하나님의 말씀 안에 굳건히 선 성도는 교회를 대표하며, 세상 속에서 그리스도인의 입지를 바로 세워갑니다. 이렇게 하나님의 나라를 위해 준비된 한 사람의 성도는 믿지 않는 사람에게도 선한 영향력을 끼치는데 이것이 바로 복음 전도의 출발점인 것입니다.

13장

제자훈련은 만병통치약이 아니다!

제자훈련이 만병통치약은 아닙니다. 성도들은 교회 안에서 훈련을 받을 때는 변화된 듯 보이지만, 막상 훈련이 끝나고 나면 곧 제자리로 돌아가곤 합니다. 이는 교회도 마찬가지입니다. 제자훈련을 잘 한다고 해서 그 교회가 반드시 건강하고 능력 있는 교회라는 보장은 없습니다.

제자훈련을 하지 않기 때문에 생기는 문제들도 있지만 실은 제자훈련을 하기 때문에 새로운 문제에 봉착하게 되는 경우도 많습니다. 예를 들어 제자훈련을 함께 받다 보면 같은 기수 사이에 끈끈한 정이 생겨 똘똘 뭉치게 되는데, 이것이 다른 성도들에게 위화감을 줄 수도 있습니다. 또 제자훈련을 수료해서 중직자 선출의 대상이 되었다고 자랑하는 성도도 있는데 이 역시 아직 제자훈련을 받지 않은 성도에게 차별의식을 느끼게 할 수 있습니다.

더 중요한 문제는 제자훈련을 잘 받아도 지난 수십 년간 형성된 인격이 하루아침에 바뀌지 않는다는 사실을 잊어버릴 때 생깁니다. 제자훈련은 하나님과 인격적으로 만나 계속 교제할 수 있도록 그 통로를 열어 주는 단계에 불과합니다. 예수님의 제자들 역시 예수님의 가르침을 통해 거듭 훈련을 받다가 부활하신 주님을 인격적으로 만난 이후에야 본격적으로 변화되기 시작했습니다. 성도들도 마찬가지입니다. 제자훈련 자체가 변화를 담보하지 않습니다. 제자훈련을 통해 하나님을 인격적으로 만날 수 있는 발판이 마련되었다면, 이제는 누가 시켜서가 아니라 스스로 하나님을 만나기를 갈망하면서 기도도 하고, 말씀도 묵상해야 합니다. 그럴 때 하나님께서 성도들을 만나 주시며, 또 그들을 변화시키기 시작하십니다.

간혹 근본적으로 죄성을 지닌 인간이 전인적으로 변화될 수 있는가에 대해 의구심을 가지는 분들이 있습니다. 그런 질문에 저는 "성령님은 인간의 마음 안에서 지금도 살아 역사하십니까?"라는 질문으로 대답을 대신합니다. 제자훈련은 말씀과 기도를 통해 사람의 마음과 생각과 영혼 안에서 성령님이 운행하심으로 사람을 치유하고 변화시키는 일련의 과정입니다. 그래서 저는 성령님의 능력을 신뢰하는 만큼 성도들의 변화도 신뢰합니다. 아니 확신합니다.

변화가 일어나는 것은 분명하지만 그 변화가 우리가 정한 시기에, 우리가 예상하는 만큼 일어나는 지는 가늠할 수 없습니다. 풀빵기계를 돌리면 풀빵이 일정하게 찍혀 나오듯 제자훈련을 돌리면 성숙한 성도라는 풀빵도 일정하게 나온다고 생각하는 것은 큰 오산입니다. 변화의 시점은 하나님 외에 누구도 알 수 없습니다. 어떤 분은 제자훈련 초기에 성령님이 만져 주시고, 또 어떤 분은 제자훈련을 마치고도 아무런 변화를 느끼지 못하다가 수년이 지나고 나서야 그 열매를 맛보기도 합니다. 모든 것이 성령님이 정하신 시간에,

정하신 방법으로 이루어지는 것입니다.

그렇기 때문에 제자훈련을 받은 성도는 더욱 겸손해져야 합니다. 제자훈련을 통해 기본적인 교리와 신학이 정립되었다고 해서 으쓱해져서는 안 됩니다. 즉 그것은 기초에 불과하다는 사실을 반드시 기억해야 합니다.

제자훈련을 받을 때는 열심히 받되, 훈련이 끝나면 '내가 제자훈련을 받았기 때문에 이렇게 바뀌었다'가 아니라 '제자훈련을 통해 하나님의 말씀을 더 배우고 싶어졌다'는 생각으로 겸손히 더 갈급한 마음을 가져야 합니다.

다시 말하지만 제자훈련은 변화의 끝이 아니라 시작입니다. 하나님 안에서 믿음의 이정표를 하나 세웠을 뿐입니다. 그러므로 신발 끈을 다시 단단히 묶고 주님이 부르시는 그날까지, '그리스도의 장성한 분량에 이르기까지' 계속해서 달려 나가야 합니다.

만약 제자훈련을 받고도 인격적으로 하나님을 만나지 못한 성도가 있다면, 이 점을 잘 설명하여 지속적으로 소그룹 안에서 훈련을 받으면서 성령충만을 사모하도록 도와주어야 합니다. 소그룹 활동은 개인의 인성은 물론 가치관, 세계관, 심지어 신앙관에도 영향을 미칩니다. 하나님의 자녀들이 말씀 안에서 영적으로 깊은 교제를 나누면 성령님이 그 그룹을 어루만지십니다. 즉 성령님은 소그룹이라는 도구를 사용하시어 이제껏 개개인들이 가정이나 사회에서 받지 못하고, 경험하지 못했던 것을 받고 경험하게 함으로써 그리스도인다운 전인적인 인격을 만들어 가십니다. 그러나 우리가 다시 상기해야 할 것은 서두에서 말했듯이 제자훈련이 만병통치약은 아니라는 점입니다.

교회 안에서의 훈련은 한계가 있을 수밖에 없습니다. 그러므로 제자훈련에서 가장 중요한 것은 성도가 스스로 기도하고 묵상함으로 일상생활 속에서 하나님과 교제하는 시간을 꾸준히 갖는 것입니다. 그래야 교회 밖에서도 흔들리지 않는 신앙생활을 해나갈 수 있고, 믿음의 본을 보이며 세상사람들을 전도할 수 있습니다. 이것이 바로 제자훈련의 진정한 열매입니다.

14장
성령운동? 운동이 아니라 기본기

제자훈련을 일반적으로 하나님의 말씀을 공부하는 과정이라고 생각하기 쉬운데 사실 제자훈련은 철저하게 기도를 병행해야 합니다.

제자훈련의 가장 큰 가치는 기도를 통해 성령님과 교제하는 데 있습니다. 그러므로 기도가 없으면 성령과의 교제도 없고, 그런 제자훈련은 세상의 학교와 다를 바가 없습니다. 성령님의 도움 없이는 어떤 진리도 깨달을 수 없기 때문입니다. 성령님을 통해 하나님은 우리와 함께하시며 또한 우리를 도우십니다. 이것이 우리가 제자훈련을 할 때 먼저 기도로 성령님의 인도하심을 구해야 하는 이유입니다.

제자로 사는 것은 우리의 의지만으로는 불가능한 일입니다. 예수님의 말씀에 순종하는 것 역시 우리의 의지로만 되지 않습니다. 결정적으로 하나님의 도우심이 필요한 것입니다. 결국 성경공부를 하더라도 우리 마음을 살펴서 그 말씀에 순종할 수 있도록 도와주시는 분은 성령님이십니다. 즉 성령님의 도움이 없는 성경공부는 열매 없는 수고가 되고 마는 것입니다.

그러므로 제자훈련은 '기도를 통한 성령의 사역' 그 자체입니다. 또한 제자훈련의 주체는 사람이 아니라 하나님이십니다. 제자훈련에서 기도훈련은 자기중심적인 삶의 방식에서 하나님 중심적인 삶의 방식으로 변화되기 위해 꼭 필요한 훈련입니다. 기도를 통해 영성을 가꾼 사람만이 성령충만한 삶을 살아갈 수 있습니다. 성도는 기도를 통해 믿음이 자라고, 기도를 통해 하나님이 원하시는 영의 사람으로 바뀔 수 있습니다.

그러나 무조건 기도를 오래 한다고 해서 성령님의 운행

을 느낄 수 있는 것은 아닙니다. 기도할 때 하나님이 우리와 함께하시며 바로 그 자리에서 우리를 살피신다는 믿음을 가져야 합니다. 그 사실을 확신하면서 전적으로 그분께 우리의 전부를 내어 드릴 때, 하나님께서는 우리를 만나 우리의 기도를 들어 주십니다. 만약 제자훈련을 할 때 성령님의 운행이 느껴지지 않는다면, 임재하심을 간구하면서 다시 기도해야 합니다. 최종적으로 우리를 훈련시키시는 분은 목회자도, 교역자도 아닌 오직 보혜사(保惠師) 성령님이시기 때문입니다.

그러나 기도를 통해 성령님을 초대한다고 착각하면 곤란합니다. 하나님은 무소부재하신 분이시며 또한 이미 우리 마음에 들어와 계신 분이기 때문입니다. 우리는 예수님을 나의 구주, 나의 하나님으로 영접했을 때 이미 성령을 선물로 받았습니다. 하지만 우리 안에 계신 성령님은 우리가 그분께 요청하고 간구할 때만 당신의 '기름 부으심'으로 우리를 감화 · 감동케 하시고, 구속하시며 새롭게 하시고, 강건케 하십니다.

이처럼 기도와 제자훈련이라는 두 개의 수레바퀴가 성공적으로 맞물려 돌아가려면 반드시 다음의 세 가지가 수반되어야 합니다.

첫째, 목회자 자신이 먼저 기도함으로 전적으로 성령님의 능력을 의지해야 합니다.

제자훈련은 우리의 힘으로 되는 일이 아닙니다. 아무리 강한 의지를 가지고, 체계적으로 진행한다 해도 오직 기도를 통해 성령님이 함께하지 않으면 그 훈련은 실패하고 맙니다. 소그룹은 와해되고, 교회에 큰 후유증이 남을지도 모릅니다. 그러므로 제자훈련의 기본은 기도이며, 기도가 사람을 변화시키는 가장 큰 원동력임을 확신하여 목회자 스스로 성령님께 훈련의 주권을 온전히 내어 드려야 합니다. 목회자의 모범이 없다면 제자훈련과 기도가 함께 가기 어렵습니다.

둘째, 성도들에게 제자훈련에 대한 확신을 심어 주어야 합니다.

기도도 제자훈련에 대한 기대와 확신이 있는 사람이 하는 것입니다. 제자훈련에 대한 확신이 없는 사람은 작은 어려움을 만나도 기도하기는커녕 도망갈 궁리만 합니다. 그리고 기대했던 것과 달리, 들인 시간과 노력에 비해 열매가 너무 적다고 불평하며 제자훈련을 판단해 버립니다. 그러나 제자훈련은 단기간에 완성되는 것이 아닙니다. 제자훈련의 열매는 오랜 시간 동안 기도하면서 말씀 안에서 숙성이 될 때 비로소 맺히는 것입니다.

믿음이 있는 사람은 끝까지 소망을 붙드는 사람입니다. 그러므로 믿음이 있는 사람은 소망을 가지고 끝까지 기도하는 사람입니다. 제자훈련은 하나님이 명하신 목회의 본질이며 핵심입니다. 왜냐하면 제자훈련은 한 성도가 교회 내에서는 거룩한 지체이자 동역하는 평신도 사역자요, 교회 밖에서는 예수님을 증거 하는 전도자로서 살아가게 하기 위해 그에게 주춧돌을 놓는 작업이기 때문입니다. 이러한 제자훈련에 대한 소망과 확신을 가지고 기도할 때, 제자훈련의 효과는 우리의 삶속에, 그리고 공동체 안에 더 크게 나타날 것입니다.

셋째는 비전을 공유하도록 동기부여를 해야 합니다.

제자훈련을 하면서 성도들에게 기도를 강조하는 것은 함께 미래를 그려가는 일입니다. 모세는 광야에서 이스라엘 백성을 인도할 때 항상 '젖과 꿀이 흐르는 가나안 땅'에 대한 이야기로 백성에게 약속의 땅에 대한 소망을 심어 주었습니다. 그것은 너무나 큰 비전이었지만 40년이 지나 그 꿈은 마침내 이루어졌고, 이스라엘 백성은 가나안 땅에 들어갈 수 있었습니다.

제자훈련을 할 때 목회자도 이와 마찬가지로 수시로 '앞으로 우리 공동체에 어떤 일이 벌어질지, 하나님의 백성인 성도가 어떤 사람이 될 지'를 가슴속에 그릴 수 있도록 늘 이야기해 주어야 합니다.

『어린왕자』의 저자 생텍쥐베리는 "만약 당신이 배를 만들고 싶다면 사람들을 모아 목재를 가져오게 하거나 일감을 나눠 주는 따위의 일은 하지 마라. 대신 그들에게 저 넓고 끝없는 바다에 대한 동경심을 심어 주어라."라고 말했습니다. 목회자 또한 성도에게 '가나안 땅'에 대한 비전을 제시할 수 있어야 합니다. 또한 그 비전을 품고 날마다 기도할 수 있게 만들어 주어야 합니다. 이렇게 성도가 기도를 통해 하나님의 계획을 깨달아 비전을 품게 되면 한 개인이 변화되고, 가정이 바뀌고, 나아가 교회 공동체가 달라질 것입니다. 결론적으로 말해 앞에서 살펴본 것처럼 기도와 제자훈련은 따로 떼어놓고 생각할 수 없습니다.

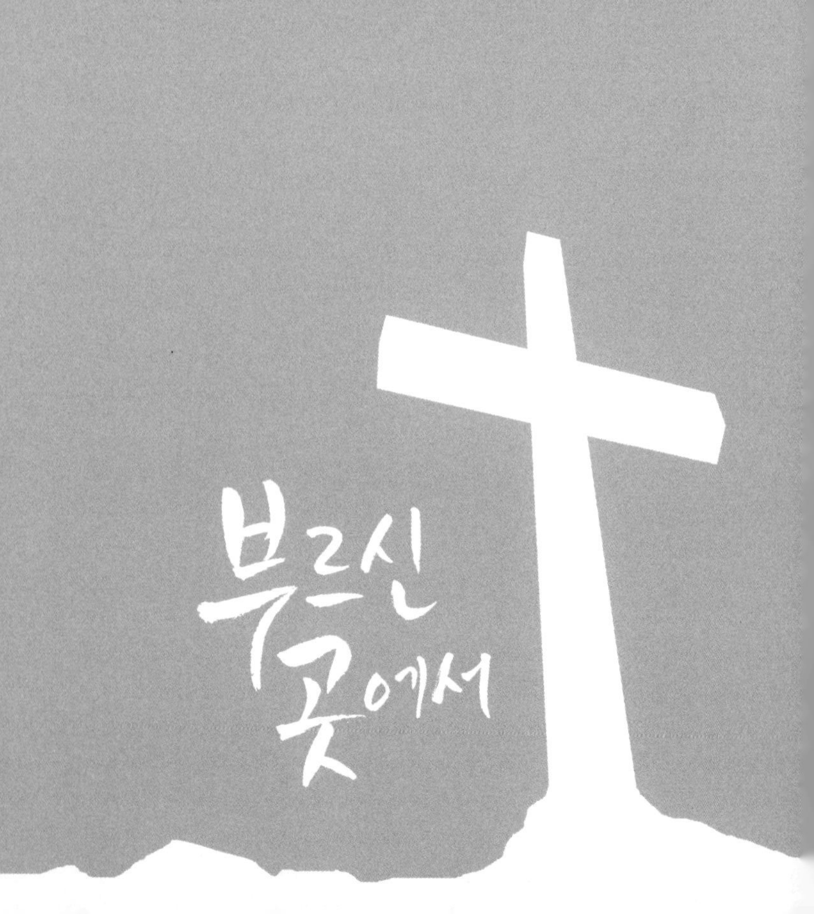
부르신
곳에서

4부

복음의 바통을 넘기며

15장

사랑하는 개척교회 목사들에게

저는 그리스도의 지상명령에 순종하여 교회를 개척하기 위해 기도하는 후배 목사들에게 몇 가지 조언을 드리고 싶습니다. 후배 목사들이 교회를 개척하는 과정에서 다음의 다섯 가지 조언을 꼭 유념해 주시기를 바랍니다.

첫째, 하나님 앞에서 소망을 가지고 엎드리라는 것입니다

교회는 사람의 의지나 능력이 아닌 오직 성령의 능력으로 세워집니다. 사도 바울이 그랬던 것처럼 자신의 뜻보다 오직 성령의 이끄심에 순종하는 목회자가 되어야 합니다. 그러기 위해서는 지금보다 더 많이 하나님 앞에 엎드리고, 은혜를 사모하며 곱절로 헌신해야 합니다.

둘째, '성장 목회'가 아니라 '섬김 목회'를 해야 합니다

교회의 성장만을 목표로 삼는다면 목회자 자신뿐 아니라 성도들까지도 전부 탈진하기 쉽습니다. 내가 하는 것이 아니라 하나님께서 하신다는 사실을 다시금 숙지하면서 인간적인 욕심을 내려놓고, 다만 기도와 간구로 하나님을 경외하며 성도를 섬기는 목회를 해야 합니다. 그리고 무엇이든 주님께 하듯 섬겨야 합니다. 그러한 마음의 중심을 보시고 하나님께서 은혜를 부어 주시는 것입니다. 또 은혜를 받으면 자연스레 헌신이 즐거워지고, 헌신하는 사람이 많아지면 성장하는 것이 당연하지 않겠습니까?

셋째, 비교의식이나 피해의식을 갖지 말라는 것입니다

다른 교회와 비교하면 피해의식을 갖기 십상입니다. 오직 하나님 앞에서 착한 종으로 인정받는 것이 중요하지 다른 교회나 목회자를 의식할 필요가 없습니다. 우리의 소명은 사람에게 보이기 위한 것이 아닙니다. 자꾸 사람을 의식하다 보면 어느 순간 자신이 가진 은사와 장점을 놓치기 마련입니다.

그러므로 오직 하나님만 바라보며, 형편에 감사하면서 최선을 다해야 할 것입니다. 그것이 하나님께서 주신 개척의 사명을 온전히 따르는 길입니다. 하나님께서는 그 중심을 보시고 목회자의 그릇을 정하실 것입니다.

넷째, 편하게 목회할 생각은 하지 마십시오

자신이 가진 모든 것을 비우고 내려놓을 때, 비로소 하나님께서는 그 빈자리에 한없는 사랑과 은혜를 채워 주십니다. 그가 채우시면 다시 메마름이 없을 것입니다.

목회자가 설교를 유려하게 잘 했다고 해서 성도가 은혜를 받는 것이 아닙니다. 오직 성령의 인도하심에 따라 말했을 때, 하나님께 순종하여 말씀을 선포했을 때, 비록 말재주가 없고 투박하다 할지라도 성도도 은혜 받고, 목회자가 스스로도 은혜를 받는 것입니다. 성령님의 통로가 되는 것, 그것이 목회자의 가장 큰 기쁨이자 직분일 것입니다. 그리고 기꺼이 성령님의 통로가 되어 드리면 교회에 성령의 열매가 맺힐 것입니다.

다섯째, 늘 깨어 기도하며 위기에 대비해야 합니다

우리교회가 지금처럼 성장하기까지는 갖은 풍랑과 유혹, 그리고 흔들림이 있었습니다. 교회 역시 사람들이 모이는 곳이라 분열과 구설수로 얽힌 상처가 참 많았습니다. 하지만 우리는 위기가 닥칠 때마다 더욱 엎드려 기도했습니다. 시기와 다툼은 대부분 교만에서 비롯됩니다. 삶의 중심에 하나님이 아닌 내가 있을 때, 질투와 분쟁은 자연스레 생겨나는 것입니다. 그런데 하나님께 우리의 중심을 내어 드리고, 다만 그분께 엎드려 순종하면 하나님께서 친히 행하시므로 모든 문제를 해결하십니다.

이 다섯 가지 조언을 기억하면서 무엇을 하든 오직 기도와 성령보다 앞서지 않고 감사함으로 순종한다면, 하나님께서는 분명 여러분을 통해 계획하신 하나님의 큰 일을 이루실 것입니다.

16장
부흥의 양대 물줄기

지금까지 한국교회의 성장 배경을 돌이켜 보면, '제자훈련'과 '성령운동'이라는 양대 물줄기가 흐르고 있음을 알 수 있습니다.

제자훈련과 성령운동이라는 두 물줄기는 '서울 사랑의 교회'와 '여의도순복음교회'를 모태로 한국교회 전역으로 퍼져 나갔습니다. 그리고 각 지역별로 고유의 문화와 정서가 더해지면서 성공적으로 자리매김 해왔습니다. 덕분에 지금 한국교회의 목회자뿐 아니라 많은 평신도가 그리스도의 제자로서 하나님 나라를 위해 헌신하고 있습니다. 이제 목회자의 사역은 이러한 성도들이 넘어지지 않도록 깨어 기도해 주면서 동시에 그들에게 하나님 나라의 비전을 심어 주는 것입니다.

한편 한국교회 부흥의 이 두 거대한 물줄기는 '특정 교단의 성격'이라는 제한 하에 지금까지 서로 병합하거나 보완하는 일을 등한시 해왔습니다. 그러나 새 시대를 열어가야 하는 한국교회는 이제 이런 구시대적인 생각을 버리고, 오직 하나님만을 경외하는 마음으로 자신들의 생각을 내려놓아야 할 것입니다. 물론 각 교단의 특성을 살려 신학적인 연구에 깊이를 더하는 것은 좋은 일입니다. 그러나 그것이 각 교단의 폐쇄성을 부추기는 방향으로 흘러서는 곤란합니다. 오히려 그러한 폐쇄성이 순전히 헌신하고자 하는 많은 그리스도인에게 어려움을 주지는 않았는지 돌아보아야 할 때입니다.

지금까지 누누이 강조한 것처럼 '제자훈련'과 '성령운동'이라는 두 흐름의 균형이 얼마나 중요한지를 저는 목회 일선에서 지난 수십 년 동안 목회를 하면서 깊이 깨달을 수 있었습니다.

교회의 사명은 크게 두 가지로 요약할 수 있는데 '사람을 살리는 일'과 '사람을 키우는 일'이 그것입니다. 교회가 존재하는 이유는 하나님의 뜻에 따라 사람을 살리고, 키우고, 세워서 하나님 나라를 이루어 가는 것입니다. 예수님의 모든 사역도 사람을 살리고, 세우는 일에 집중되었음을 다시금 기억해야 합니다. 성도는 '사람을 낚는 어부'로서 사람을 살리고, 교회는 건져진 사람을 말씀으로 깊이 변화시키고 세워 다시 '사람을 낚는 어부'로 만드는 공동체입니다.

주님을 따르는 우리의 목회도 이와 다르지 않습니다. 목회자는 오직 '사람을 살리기'와 '사람을 키우기'에 집중해야 하는 것입니다. 그렇게 세워진 사람들이 제자훈련과 기도를 통해 성령의 능력으로 다시 '사람을 세우는 교회' 이것이 주님 보시기에 아름다운 교회입니다.

'제자훈련과 성령운동, 이 두 물줄기를 따라 한 영혼이라도 더 하나님 앞에 이 민족의 지도자로 세울 수 있다면, 하나님께서 나를 얼마나 미쁘게 보실까?' 이것이 바로 저의 꿈이며, 더 많은 목회자와 나누고 싶은 저의 비전입니다.

17장
심방하는 목자

목회자에게 있어 심방은 매우 중요한 사역입니다. 요즘 많은 목회자들이 부담스럽고 번거롭다 하여 심방을 소홀히 하는데 저는 목회자들이 심방에 대해 좀 더 부담감을 가져야 한다고 생각합니다. 목회와 설교 준비로 바쁘다는 이유로 심방을 소홀히 하다보면 정작 양떼를 살피는 것을 놓치는 결과를 낳게 됩니다. 물론 그것은 성경적으로 옳지 못한 것입니다.

예수님께서도 개인적으로 한 영혼, 한 영혼을 만나기 위해 심방을 하셨습니다. 하나님께서 성육신하셔서 이 땅에 오신 것도 그 자체가 심방입니다. 예수님께서는 그렇게 우리를 만나기 위해 먼 길을 찾아 오셨습니다. 또한 그분은 이 땅에 계실 때 두 가지 방법으로 심방을 하셨는데, 하나는 산상설교와 같이 대중을 만나 메시지를 전하는 형태였고, 다른 하나는 개개인을 찾아가 직접 심방을 하는 형태였습니다.

주님은 이 중에서도 개인 심방을 매우 중요하게 여기셨습니다. 특히 상처입고 병든 자들, 홀로된 과부들, 가난한 자들을 만나 주셨습니다. 그리고 친히 당신의 손길로 보듬어 치유의 역사와 회복의 역사를 일으켜 주셨습니다. 저는 여기서 예수님같이 심방하는 목회자가 되기 위해 꼭 갖추어야 할 심방에 대한 마음가짐과 준비에 대해 나누어 보겠습니다.

심방을 준비하는 자세

한 해를 마무리 짓는 연말이면 저는 열흘 정도 산에 올라가서 기도를 합니다. 내년에는 어디에 비중을 두고, 어떻게 사역할 것인지를 하나님께 묻고 준비하기 위함입니다. 또한 이때 다가올 봄에 성도들을 어떻게 심방할지를 놓고도 기도합니다. 저는 기도하면서 무엇보다 성령님의 음성에 귀를 기울이려고 노력합니다. 제가 심방한다 할지라도 사람의 마음을 감찰하시고 만지시는 이는 오직 성령님뿐이시기 때문입니다. 또한 심방을 할 때 치를 영적 전쟁을 위해서도 기도를 많이 합니다. 각 가정에 가서 어떤 말씀을 전할지, 어떻게 중보기도를 할지, 이 모든 것을 미리 여쭙고, 또 하나님의 음성에 순종하기 위해 귀를 기울입니다. 그러고 나서 기도하면서 짠 심방 계획 일자를 성도들에게 알립니다. 그래야 성도들도 사모함으로 심방을 기다리며 기도로 준비할 수 있기 때문입니다.

심방은 그리스도 안에서의 교제입니다. 그러므로 저는 심방할 때 우선 그 가정에 교제가 잘 이루어지고, 관계가 서로 회복되도록 기도합니다. 보통 목회자는 각 가정별로 1년에 한 번 심방을 하는데, 목회자가 가정을 심방하면 그 가정의 소산이 아름답게 복을 받고, 관계가 막혔던 가정은 관계가 회복되며, 갈등이 있던 가정은 갈등이 사라지고, 상처가 있는 가정은 상처가 치유되기를 기도합니다. 물론 이 모든 것은 오직 성령님께서 하십니다. 목회자는 다만 성령의 통로가 되어 그들에게 하나님의 사랑과 계획하심을 전하는 것입니다.

심방을 하면 성도는 자연스럽게 목회자에게 마음의 문을 열고 자신의 문제를 솔직하게 털어놓게 됩니다. 그러면 목회자는 그 자리를 통해 기도해 주며, 주님의 말씀을 붙잡도록 도와주어야 합니다. 또한 하나님께서 가정에 주신 말씀을 붙들고 한 해를 살아갈 수 있도록 도전해야 합니다.

심방 후에 성도의 가정과 삶은 분명 달라져야 합니다. 목회자를 통해 성도가 흔들리지 않는 하나님의 말씀을 굳게 붙들 수 있다면 그 가정에는 하나님의 은혜가 더욱 가득해질 것입니다. 그리고 성도는 더욱 더 열심을 품고 하나님의 뜻에 순종하게 될 것입니다. 심방은 마치 의사가 환자를 만나기 위해 '왕진'하는 것과 같습니다. 좋은 의사는 먼 곳도 마다하지 않고 환자가 있는 곳이라면 달려가는 의사일 것입니다.

심방 준비의 실제

심방은 각 가정이 원하는 시간에 맞춰 가는 것이 좋습니다. 가족 구성원들이 다 모일 수 있는 시간이여야 하기 때문입니다. 함께 예배를 드리고, 서로 마음을 나누고, 축복하며 기도할 때 심방이 은혜롭게 마무리되는 것입니다.

우리교회는 전부 6교구가 있는데, 교구별로 날짜를 정하여 심방을 준비합니다. 각 교구의 성도들과 담당 교역자는 일정을 조율하여 확정합니다. 이때 시간은 낮이든 밤이든 상관이 없습니다. 아침에 일찍 출근하는 성도를 심방하기 위해 새벽에 일찍 찾아가는 경우도 있습니다.

심방의 대상이 되는 가정의 우선순위는 목회자의 방문이 시급한 가정입니다. 목회자는 그런 가정부터 먼저 약속을 잡습니다. 또한 가정 내에 문제가 있는 가정부터 방문합니다. 사업의 문제, 자녀의 문제, 질병의 문제, 가족 갈등의 문제 등 교구장들로부터 받은 보고를 취합하여 각 교구별로 심방 순서를 정하는 것입니다. 각 교구장들은 다음날 심방

일정과 함께 각 가정에 대한 정보를 목회자에게 보고하고, 목회자는 그 내용을 숙지합니다. 그리고 저는 그날 밤 철야 기도를 하면서 그 가정들을 놓고 기도합니다. 하나님께서 각 가정에 어떤 필요를 채워 주실지, 또 어떤 말씀을 전하고 싶으신지 귀를 기울이면서 엎드려 간절히 기도합니다.

물론 이렇게 준비해도 심방을 하다보면 난감한 일들이 생깁니다. 어떤 가정에서는 전할 말씀이 전혀 떠오르지 않을 때도 있습니다. 그러면 당연히 목회자는 당황하게 됩니다. 하지만 올바른 심방은 무엇보다 하나님께서 주신 말씀을 그 가정에 전하는 것이므로 그 가정의 현실과 상관도 없고 하나님께서 주신 말씀도 아닌 말씀을 전한다면 그것은 심방이 아니라 시간낭비가 되고 말 것입니다. 그래서 저는 이런 경우에 먼저 그 가족 구성원들에게 좋아하는 찬송을 부르라고 합니다.

"집사님이 좋아하는 찬송이 무엇인가요?"

"저는 찬송을 다 좋아해요."

"그래도 특별히 좋아하는 찬송이 있겠지요? 요즘 많이 부르시는 찬송도 좋습니다.”

찬송을 함께 부르고 말씀을 묵상하면서 저는 이 가정에 필요한 말씀을 달라고 기도합니다. 그러면 성령님께서는 매번 생각지도 못했던 말씀을 떠오르게 하시고 전달하게 하십니다. 그러다 보니 깊은 위로와 깨달음이 전달되기도 하고, 가정 가운데 평안과 회복의 역사가 임하는 모습도 보게 됩니다. 그때마다 저는 심방 사역이 얼마나 중요한지를 다시금 깨닫게 됩니다.

저는 심방 대상자의 명단을 전날에 보고 받고도 말씀을 사전에 준비하지 않습니다. 직접 그 가정에 찾아가서 찬송하고 기도하면서 하나님이 주시는 말씀에 귀를 기울일 뿐입니다. 이는 오직 성령님의 인도를 따르기 위해서입니다. 물론 이를 위해 목회자는 평소에 늘 하나님의 말씀을 읽으면서 성령님께 전적으로 자신을 내어 맡기는 훈련을 해야 합니다. 사실 그러다 보면 심방을 통해 목회자 자신이 먼저 은혜를 받을 때가 많습니다. 그러면 성도들도 은혜를 받는 건 이 당연하겠지요.

저는 심방 기간에는 다른 이들과의 만남을 가급적 피합니다. 심방은 곧 하나님의 말씀을 품고 '배달'하는 일인데 지나치게 많은 사람을 만나다 보면 마음이 흐트러질까 염려되기 때문입니다. 끝으로 저는 심방을 실제로 하다 보면 우리를 먼저 찾아오신 예수님의 마음을 느끼게 됩니다. 저는 이것이 바로 목회자가 품어야 하는 목자의 마음이라고 생각합니다. 그래서 저는 오늘날 심방하기를 미루는 목회자에게 심방하는 목자가 되라고 당부 드리고 싶습니다.

18장

내가 꿈꾸는 교회

사도행전의 교회를 꿈꾼다

저는 사도행전의 교회를 꿈꿉니다. 사도행전 2장의 마지막 부분에 기록된 초대교회는 교제하고 나누며, 치료하고 복음을 전하며 기도하는 교회였습니다. 그런데 지금 한국교회의 모습을 냉정하게 평가하자면 사도행전의 교회와는 거리가 멀어 보입니다. 모두 다 그런 것은 아니지만, 좀 더 심하게 말하면 많은 목회자의 목적이 출세하여 자기가 영광을 받는 것이 되어 버렸습니다. 그런데 이런 사실을 세상 사람들에게마저 들켜버린 것이 현재 한국교회가 처한 부정할 수 없는, 슬픈 현실입니다.

목회의 신비한 원리는 한 알의 밀알이 죽을 때만 다른 사람이 살아난다는 것입니다. '교회는 목회자의 피를 먹고 자란다.'라는 목회자들 사이에서 회자되는 말은 참 무섭고 힘든 말이지만, 우리 목회자들이 늘 기억해야 할 금언입니다. 피를 바칠 각오로 사역하지 않으면서 세상이 박수 쳐주기만을 바라며 목회를 하다 보니 교회가 만신창이가 되고만 것입니다. 그러면 이제 어떻게 해야 합니까?

목회는 교회의 양적 성장이 목표가 아니라 한 사람 한 사람이 건강한 그리스도인으로 올바로 세워지는 것이 궁극적인 목표입니다. 갓 태어난 생명을 젖을 먹여 기르고 양육하는 일부터, 그가 또 다른 생명을 낳기까지 보호하고 책임지는 일이 모두 목회입니다. 그러므로 좋은 목회는 조급증을 뛰어넘어야만 가능합니다. 비록 성장이 더디더라도 진득하게 생명을 낳을 때까지 기다려 주는 것이 목회인 것입니다.

사도행전의 교회는 모일 때마다 말씀을 통한 양육이 있었고, 풍성한 교제의 깊이가 있었고, 집중력 있게 기도하는 은혜가 있는 교회였습니다(사도행전 2:42 참조). 여기에 더하여 유무상통의 은혜가 있었던 교회였습니다. 그러나 분명한 것은 사도행전의 교회는 절대로 쉽게 이루어지지 않는다는 점입니다. 또 생각만 많이 한다고 해서 갑자기 현실로 이루어지는 것도 아닙니다. 그렇다면 사도행전의 교회는 어떻게 형성됩니까?

무엇보다 훈련된 사람이 중요합니다

사도행전의 교회를 꿈꾸면서 만약 저에게 다시 목회를 시작할 수 있는 기회가 주어진다면 저는 더욱 과감하게 사람을 키우는데 투자하고 싶습니다. 전쟁에서 이기려면 전사를 길러내야 합니다. 훈련된 병사가 없다면 결코 전쟁에서 승리할 수 없기 때문입니다. 그러므로 목회에서 가장 중요한 기초공사는 사람을 세우는 일입니다. 훈련되지 않은 사람을 억지로 세워 놓으면 부실공사가 되고 맙니다. 이는 제가 지난 세월 동안 뼈저리게 느낀 진리입니다.

저는 수 천 년 전에 세워진 피라미드에서 교훈을 얻습니다. 하나하나의 돌들이 맞추어 세워진 피라미드는 모난 돌은 깎여지고, 튀어 나온 돌은 부수어져 비로소 합이 맞추어진 돌들의 결합체입니다. 그 덕에 몇 천 년을 견고하게 버텨 온 것입니다. 사도행전의 교회는 이렇게 깎여지고 부셔져 나간 돌들이 차곡차곡 쌓인 피라미드와 같은 과정을 거칠 때 완성될 수 있습니다. 훈련된 한 사람, 그리스도를 닮기 위해 성품과 인격이 깎여진 한 사람, 말씀 앞에서 자신을 무릎 꿇리며 기도의 깊은 세계를 경험하는 한 사람. 이런 한 사람 한 사람이 말씀을 가르치고, 교제하며, 깊이 기도하면서 교회 안에서 피라미드의 돌들처럼 제자리에 있을 때 사도행전의 교회가 가능한 것입니다.

물론 이런 한 사람 한 사람을 세우기 위해 몸부림치는 목회자의 속은 썩어 남아나는 것이 없을 것입니다. 그러나 그래도 장성한 그리스도인으로 성도들을 키워내면 그들이 멋진 일꾼이 되어 사도행전처럼 하나님이 기뻐하시는 교회를 만들어 낼 것입니다. 그런 교회를 바라보는 상상을 초월하는 기쁨은 사역자에게 주어지는 덤이겠지요. 이처럼 사람을 세우는 일은 처음에는 죽을 것처럼 힘들지만, 시간이 가면 갈수록 훈련된 사람들을 통해 주시는 하나님의 넘치는 위로를 경험하는 일입니다.

우리가 함께할 때 사도행전의 교회는 가능합니다. 저는 부흥회에 가면 온 힘을 다 쏟아 붓습니다. 이유는 간단합니다. 부흥회를 통해서 은혜 받은 사람과 함께 하나님 나라와 사도행전의 교회를 세우고 싶기 때문입니다. 그리고 가능하면 이 일에 모든 사람이 작은 힘이라도 보태게 되기를 간절히 소망하기 때문입니다. 우리교회가 성장할 때도 그랬습니다. 우리교회 성도들은 논리적으로 키워진 성도들이기 보다는 함께 동역하면서 사도행전의 교회를 세워 온 헌신자들입니다.

"빨리 가려면 혼자 가고, 멀리 가려면 함께 가라"는 말이 있습니다. 은혜를 받은 성도들이 함께 동역할 때, 교회가 부흥합니다. 그래서 저는 목회를 하면서 언제나 저의 비전을 성도들과 나누는 일을 우선시 했습니다. 그리고 그 비전에 동참하는 동역자들과 함께 일을 추진하면 하나님께 영광을 돌릴 수 있는 결과가 나타났습니다. 비전센터를 짓는 과정도 그랬습니다. 먼저 성도들에게 설문조사를 실시했습니다. 사실 우리교회는 큰 자산을 가진 성도가 없습니다. 비전센터 건축을 시작할 때만 해도 여전히 교회에 빚이 있었기 때문에 '과연 가능한 일인가?'하고 저 스스로에게 수도 없이 되물었던 것이 사실입니다. 35억이라는 건축 예산 가운데 손에 쥔 것은 아무것도 없었습니다. 그러나 단 하나 저에게는 무슨 일이든지 사도행전의 교회를 세우는 일이라면 저와 함께하겠다는 동역자들이 있었습니다. 결국 사역은 동역자의 신뢰가 가장 중요하다는 사실을 새삼 깨닫는 사건이었습니다. '우리 목사님이 시작하면 언제나 아름답게 열매를 맺는다.'는 신뢰가 사도행전의 교회를 꿈꾸는 원동력이 되었던 것입니다. 저는 함께하는 성도가 없다면 아무것도 할 수 없다고 고백하고 싶습니다. 이런 점에서 교회의 건강 척도는 얼마나 많은 수의 무리가 있는가가 아니라, 예수님의 열두 제자처럼 목회자와 함께 뜻을 나누고 영적인 생명을 나누는 동역자가 얼마나 있는가 하는 것입니다. 목회의 여정을 뒤돌아보면 무슨 일이든지 기꺼이 자신을 드린 동역자들이 있었기에 이루어진 목회였습니다. 그래서 아무것도 없는 곳에서 소망의 그루터기인 교회를 세울 수 있었습니다. 앞으로도 이런 동역자들이 있는 한, 저는 계속해서 꿈을 꾸며 사도행전의 교회를 향한 몸짓을 멈추지 않을 것입니다.

19장
복음의 바통을 넘기며

문제를 직시해야 합니다

자기반성에 인색한 공동체일수록 쉽게 와해될 가능성이 높습니다. 저는 후배 목회자들에게 우리는 한국교회라는 한 배를 타고 있다는 사실을 명심하라고 부탁하고 싶습니다. 다시 말해 나 혼자만 사역을 잘 한다고 해서 되는 일이 아니라는 것입니다. 우리가 함께 잘 해야 한국교회에 소망이 있는 것입니다. 혼자서만 이리 뛰고 저리 뛰지 말고, 주님이 지신 십자가의 길을 함께 갈 수 있는 동역자와 목회자들을 만나라고 권하고 싶습니다. 동시에 그런 성도들을 세우는데 전심을 쏟으라고 부탁하고 싶습니다. 한 사람 한 사람을 세우는 일은 참으로 고단하고 힘든 일이며 당장에 결과가 나타나는 일이 아니지만, 이 과정을 제대로 거치지 않으면 한국교회는 절대로 소망이 없습니다. 한국교회가 소망이 없다는 것은 나의 목회현장도 치명적인 영향을 받는다는 것을 의미합니다. 그러므로 우리는 문제를 직시하여 한국교회를 세워 가고, 목회현장에서 함께 뛰어주며 호흡할 리더들을 세우는 일을 게을리 하지 말아야 합니다.

후배 목회자들을 보면서 안타까운 점은 학교라는 울타리 안에서 배운 지식에만 너무 안주하는 경향이 있다는 점입니다. 사실 목회자 중에서도 현장을 이해하는 목회자를 만난다는 것은 쉬운 일이 아닙니다. 교탁에서만 배운 신학적 지식으로 목양을 하려니 목회자도 어렵고 성도도 어려워지는 것입니다. 신학생들 중에도 가만히 보면 신학 과목만 이수하면 자동적으로 목회자가 되는 것으로 착각하고 있는 사람이 있습니다. 그러나 목회는 그리 간단한 것이 아닙니다. 한 영혼 한 영혼을 돌아보며 그들의 삶의 현장을 분명하게 인식하고 현장의 문제들에 대해 말씀 안에서 대안을 제시하는 사람이 진정한 목회자입니다. 그러므로 목회자는 하나님의 말씀에 있어서 월등한 지식을 갖추어야 함은 물론이고, 영적인 면뿐만 아니라 전인격적인 면에 있어서도 월등해야 제대로 된 목회자라고 할 수 있습니다.

특히 영적으로 혼란한 이 시대 가운데 교인들의 여러 가지 영적인 물음에 무엇이 옳은 것이고, 무엇이 잘못된 것인지를 알려 줄 수 있어야 합니다. 그런데 이러한 분별력과 지식은 직접 영적인 것을 경험해 봐야 분별력을 가지고, 바르게 지도할 수 있기 때문에 목회자가 성령의 은사를 사모하는 것은 마땅한 자세입니다. 따지고 보면 여러 교회들이 이단에 넘어가는 것도 목회자가 성령의 능력을 가지고 성도들을 잘 가르치지 못한 데 책임이 있습니다. 목회자가 아무것도 모르는 성도를 탓하거나 핑계할 수는 없는 것입니다. 그러므로 목회자는 마땅히 영적 체험이 있어야 하고, 그 깊이를 경험하여 알아야 하며, 옳고 그른 것을 바르게 분별할 수 있어야 합니다. 성경을 보면 하나님께서 엘리야를 훈련시키실 때, 본격적으로 사역에 뛰어들기 전에 성도 한 사람을 목양하도록 했습니다. 그 한 사람을 충성스럽게 섬길 때 비로소 하나님께서는 엘리야가 세상을 섬기도록 하셨습니다.

물이 없어 목마른 것이 아니라 말씀이 없어 목마른 한국교회의 문제를 정확하게 직시해야 합니다. 그리고 눈물 흘리면서 기도하고 설교를 준비해야 합니다. 그래야 문제 많은 오늘날의 교회에서 하나님의 말씀을 제대로 전하는 목회자가 될 것입니다.

기회가 주어질 때 준비하는 사역자가 되어야 합니다

지금 우리는 경건이 도전 받는 시대에 서 있습니다. 성경대로 표현하자면 경건의 모양은 있으나 능력이 없는 것이 오늘날의 현실입니다. 자신의 경험을 자꾸 내세우거나 우려먹는 목회는 이미 경건의 능력이 사라진 목회입니다. 그러므로 목회자는 철저히 기도하면서 자신을 준비시켜야 합니다. 특히 설교는 언제든지 할 수 있도록 준비되어 있어야 합니다. 고(故) 박윤선 박사님은 목회자는 세 가지를 갖추어야 하는데 첫째 떠날 준비, 둘째 죽을 준비, 셋째 설교할 준비라고 하셨습니다.

이런 점에서 멘토가 대단히 중요합니다. 저에게도 개척 당시 이루 말할 수 없을 정도로 힘든 시기에 하나님께서 중요한 멘토 두 분을 만나게 하셨습니다. 바로 고 옥한흠 목사님(사랑의 교회)과 이용걸 목사님(미국 필라델피아, 영생장로교회)이십니다. 고 옥한흠 목사님을 통해서는 한 영혼 한 영혼을 사랑으로 섬기며 주님께서 보여 주신 삶을 사는 참된 제자의 삶이 무엇인지 알게 되었고, 또한 제자훈련을 통해 한 사람의 그리스도인을 바로 세우는 것이 목회의 본질임을 깊이 깨닫게 되었습니다. 그리고 이용걸 목사님을 만나 심방목회의 중요성과 영혼을 사랑하는 마음으로 삶의 애환을 들어주고 치료하며 회복하는 목회를 보게 하셨고, 또한 청교도적 신앙의 영성을 배우게 하셨습니다. 이 두 분의 스승을 통하여 받은 영감과 도전들이 지금까지 목회의 본질을 흔들림 없이 고수하며 지난 30여 년의 목회 여정을 한결같은 마음으로 걸어올 수 있게 했던 것 같습니다. 그러므로 이 두 분의 멘토는 저의 자산인 것입니다.

당신에게는 영적 멘토가 있습니까? 있다면 철저히 그를 통하여 배울 일이고, 만일 없다면 지금 당장 멘토를 찾아 나서십시오. 멘토는 하나님이 주신 선물입니다. 큰 교회에서 대우 받는 목회자보다는 작은 교회지만 제대로 된 목회를 하는 목회자를 찾으십시오. 그 분이 더 섬세하게 당신의 멘토가 되어 줄 것입니다.

지금 생각해 보니 멘토로 삼고 있는 분이 누구인가에 따라 목회의 방향이 좌우되는 것 같습니다. 만약 교회의 성숙보다는 수적 부흥에만 착념하는 목회자가 멘토라면 그를 따르는 멘티의 목회방향도 그렇게 될 것입니다. 그러니 멘토로 삼기 전에 '큰 교회는 아니더라도 제대로 된 목회를 하는 목회자인가?'라고 물어야 할 것입니다. 더불어 '그럼 나는 어떤 목회의 길을 걸어가야 할 것인가?'도 깊이 고민해 보는 과정이 필요합니다.

목회는 절대로 직업이 될 수 없습니다. 목회가 하나의 직업이라고 생각하는 목회자가 있다면 하루속히 보따리를 싸는 게 좋을 것입니다. 그런 사람은 목회자도 아닐뿐더러 개교회는 물론이고, 한국교회에도 큰 폐단이 될 것이 자명합니다. 이런 목회자를 따르는 양들은 가련해질 것이고, 그 교회는 불행해질 것입니다. 목회자는 마땅히 자기가 가르치는 주일학교 학생이나 청년의 마음에 '나도 저분처럼 예수님의 제자가 되어야겠다.'는 마음을 심어 주어야 합니다. 이를 위해서는 목회자 자신이 먼저 존경할 만하고, 본받을 만한 '사람'이 되어야 할 것입니다. 여기서 굳이 '사람'이라고 말한 것은 목회자도 먼저 '좋은 사람'으로 인정받아야 하는 공인이라는 인식을 가져야 하기 때문입니다. 특별히 목회자는 그가 목회하는 지역에서 꼭 필요한 인물이 되어야 합니다. 목회자가 이런 '공인의식'을 가질 때, 교회는 그 지역사회에서 꼭 필요한 교회이자 소망의 그루터기로 자리매김하게 될 것입니다. 다시 말해 목회자에게 모든 사람이 따르고 싶어

하는 인격과 삶의 모습이 없다면 그 지역사회 전체는 소망 없는 절망에 거하게 될 것입니다.

절망의 시대에 희망을 전하는 목회자가 되라!

지금 이 세상 어디에도 희망이 없어 보입니다. 이 시대의 사람들은 희망이 없는 고통을 경험하고 있습니다. 이런 상황 속에 교회는 '주님만이 희망'이라는 진리를 전하는 세상의 그루터기가 되어야 할 것입니다. 또한 그러기 위해서 목회자가 해야 할 가장 중요한 일은 꾸준한 기도의 용사가 되는 것입니다. 다시 강조하지만 말씀과 기도와 심방, 이 세 가지가 견고하게 서 있는 목회자는 사탄에게 공격할 틈을 주지 않습니다. 우리가 다 아는 기라성 같은 목회자들이 어쩌다가 사탄에게 틈을 허용했습니까? 목회를 하면서 말씀과 기도와 심방에 집중하지 않았기 때문입니다. 목회자의 시간과 마음이 다른 곳에 가 있으니 거기에 사탄이 틈을 타는 것입니다. 저는 이처럼 바람이 잔뜩 든 목회자를 많이 보아 왔습니다. 이것이 참으로 슬픈 한국교회의 현실입니다.

한편 희망을 주는 목회자가 되기 위해서는 자신에게 주어진 은사와 달란트를 끊임없이 개발해야 합니다. 하나님이 자신에게 허락하신 장점이 무엇인지를 민감하게 살펴서 자신이 무엇을 잘하고, 좋아하는지를 점검해 보아야 합니다. 그러기 위해서 더욱 필요한 것이 바로 기도입니다. 또한 성령의 인도하심을 통해 자신의 장점을 보고, 듣고, 깨달았다면 이제는 다른 것들에 기웃거리지 말고 한 우물을 깊이 파야 합니다. 오래 엎드려 기도하면서 듣고, 꾸준히 그 길로 달려가다 보면 마침내 그것을 통해 하나님께서 영광을 받으실 것입니다.

목회자의 마음속에는 '모든 것이 주님의 것'이라는 중심이 바로 서 있어야 하며, 무엇보다 그 마음에 오로지 새겨진 양(洋)만이 있어야 합니다.

연세대학교 세브란스병원을 들어가면 이런 기도문이 기록되어 있습니다.

"우리는 치료하고 하나님은 고치신다.
나는 공부하고 하나님은 성공하게 하신다.
나는 최선을 다하고 이루시는 것은 하나님이시다.
나는 기도하고 하나님은 기도를 들어 주신다."

목회자는 내 것이 하나도 없는 존재입니다. 모든 것이 주님의 것입니다. 그러므로 내게는 자랑할 것은 아무것도 없습니다. 목회자의 마음에 남아있어야 하는 것이 있다면 그것은 오로지 양입니다. 맡겨진 영혼들이 목회자의 마음에 꽉 들어차 있어야 합니다. 그들은 교회를 채우는 무명의 누군가가 아니라 목회자가 그들의 이름을 알고, 그들도 역시 목회자를 아는 양이어야 합니다. 이것이 바로 목회이고 섬김입니다. 따지고 보면 결국 목회가 안 되는 이유는 생명을 걸지 않기 때문입니다. 왜 교회가 성숙하지 않고, 성장하지 않는가를 자세히 보면 양이 목회자의 심장에 새겨져 있지 않기 때문입니다. 자신에게 주어진 양을 위해 목숨을 버릴 각오가 되어 있는 목자가 섬기는 교회만이 건강한 교회가 될 수 있습니다.

저는 앞으로 한국교회가 기초를 다시 다지는 일을 반드시 해야 한다고 생각합니다. 많은 한국교회 지도자들이 지금의 50대 중후반과 60대 목회자들의 시대가 지나가면 조국교회의 부흥은 거의 불가능할 것이라는 평가를 내 놓습니다. 그러나 사실 저는 우리 후배 교역자들에게 더 후한 점수를 주고 싶습니다. 사역에 있어 두려움 없이 모험을 거는 후배들을 보기 때문입니다. 실패를 해도 틀림없이 그 속에서 무언가를 배우며 한 번도 해보지 않은 사역에 과감하게 자신을 던지는 후배 목회자를 만날 때 저는 여전히 마음이 뜨거워짐을 느낍니다. 이런 이들을 하나님께서 축복하시고, 이런 목회자들 때문에 주님의 교회가 더욱 든든히 서가고, 이런 소명자들 때문에 조국교회가 통일시대를 준비하며 열방을 책임지는 교회가 되리라고 저는 믿어 의심치 않습니다.

초판 1쇄 발행 | 2015년 2월 24일

발행인 | 이영훈
지은이 | 정연철
펴낸곳 | 교회성장연구소
편집인 | 김형근
기획 및 편집 | 이강임 · 최윤선
디자인 | 김한희
마케팅 | 김미현 · 최명선 · 문기현
쇼핑몰 | 이기쁨 · 이경재
행　정 | 김수정 · 한혜정

등록번호 | 제12-177호
주　소 | 서울특별시 영등포구 여의공원로 101번지 CCMM빌딩 9층 901A호
전　화 | 02-2036-7935
팩　스 | 02-2036-7910
웹사이트 | www.pastor21.net

ISBN 978-89-8304-239-2 03230

※ 책 가격은 뒤표지에 있습니다.
※ 잘못 만들어진 책은 바꿔 드립니다.

"무슨 일을 하든지 마음을 다하여 주께 하듯 하라" (골 3:23)

교회성장연구소는 한국 모든 교회가 건강한 교회성장을 이루어 하나님 나라에 영광을 돌리는 일꾼으로 성장하는 것을 목표로, 목회자의 사역은 물론 성도들의 영적 성장을 도울 수 있는 필독서들을 출간하고 있다. 주를 섬기는 사명감을 바탕으로 모든 사역의 시작과 끝을 기도로 임하며 사람 중심이 아닌 하나님 중심으로 경영한다. "무슨 일을 하든지 마음을 다하여 주께 하듯 하라"는 말씀을 늘 마음에 새겨 하나님께서 주신 사명을 기쁨으로 감당한다.